NOTICE HISTORIQUE

SUR M. LE COMTE

PAUL-FRANÇOIS DE SALES.

Paris. — Typographie de Firmin Didot frères, rue Jacob, 56.

A. Maurin Lith.   Imp. Lemercier, Paris.

NOTICE HISTORIQUE

SUR M. LE COMTE

PAUL-FRANÇOIS DE SALES,

LIEUTENANT GÉNÉRAL DES ARMÉES SARDES,
ANCIEN AMBASSADEUR, MINISTRE D'ÉTAT, GRAND DE COUR,
DÉCORÉ DE L'ORDRE SUPRÊME DE L'ANNONCIADE,
COMMANDEUR
DÉCORÉ DU GRAND CORDON DE ST-MAURICE, ETC.

PARIS,
CHEZ JACQUES LECOFFRE ET Cie, LIBRAIRES,
RUE DU VIEUX-COLOMBIER, 29,
CI-DEVANT RUE DU POT DE FER SAINT-SULPICE, 8.
—
1855.

PRÉFACE.

Le comte de Sales, dont nous avons entrepris de retracer la vie, est entré dans la carrière diplomatique au moment où les intérêts des nations ont cessé de se décider par les armes pour se traiter par la parole. Dans tous les temps, le roi de Sardaigne a eu des ministres capables pour traiter les affaires étrangères, et a été représenté auprès des princes de l'Europe par des hommes extrêmement distingués. Dans ses lettres si connues, lord Stanhope dit à son fils : « Il faut avouer qu'en qualité « de jeune politique, vous débuterez à merveille en « commençant par Berlin pour passer ensuite à Tu- « rin, où vous verrez le souverain le plus habile « après le roi de Prusse. » (Lettre 141.) « Je ne « prévois pas que, dans tout le cours de votre vie, « vous puissiez passer six mois à plus haut in- « térêt que ceux que vous allez passer à Turin. » (Lettre 148.) « Mon vœu est que votre séjour à

« Turin soit la période la plus marquante et
« comme le couronnement de votre éducation. »
(Lettre 150.) Ailleurs, il lui recommande de s'attacher de préférence aux ambassadeurs de la cour
de Sardaigne. Les Joseph de Maistre, les de Latour, de Saint-Marsan, Alfieri de Sosteigne, de Revel, Saint-Martin d'Aglié, de Lamarguerite, de Pralorme, de Vignet et de Sales et Brignoles-Sales,
qui se sont trouvés en même temps dans la carrière
diplomatique, ont dignement continué et soutenu
la réputation que s'étaient acquise leurs devanciers.
Mais, pour eux, la carrière était bien plus difficile.
Au milieu des bouleversements sociaux qui avaient
épouvanté l'Europe, s'était formée une école dont
les tendances étaient favorables à la révolution. Or,
ces tendances, que nous pouvons reconnaître aujourd'hui, étaient alors fort difficiles à apprécier. Il
ne serait donc pas étonnant que la diplomatie sarde,
malgré son bon esprit, eût jusqu'à un certain point
subi les influences de cette école, et n'eût pas toujours opposé au torrent révolutionnaire autant d'efforts qu'elle l'aurait fait, si le but eût été aussi parfaitement connu qu'il l'est à ce moment.

Avant donc de faire connaître les actes et les
opinions du comte de Sales, qu'il nous soit permis
de faire quelques réflexions sur la part que la di-

plomatie a eue dans les événements dont nous avons été témoins depuis trente ans.

Dans un écrit qu'il adressait au saint-père pour lui demander d'être, avant de mourir, réconcilié avec l'Église, le prince de Talleyrand, que l'on peut considérer comme le chef de la diplomatie révolutionnaire, cet homme dont le long passage sur la terre a été aussi funeste à la société religieuse qu'à la société civile, en qui la révolution s'était pour ainsi dire incarnée, disait ces mots : *La révolution qui dure depuis cinquante ans.....*

Dans la bouche de cet homme qui s'y entendait, ces paroles avaient une grande portée. Quand elles furent connues de Louis-Philippe, elles lui inspirèrent un souverain déplaisir ; il fit tout son possible pour empêcher qu'elles n'eussent la publicité que devait naturellement obtenir l'acte de soumission à l'Église dans lequel elles étaient consignées. C'était un démenti jeté à la face de Napoléon, de Louis XVIII, de Louis-Philippe, et de tous ceux qui se sont vantés d'avoir clos l'ère des révolutions. La révolution continue, voilà ce qu'affirme l'un de ses acteurs les plus habiles et les plus constants.

Ce qu'il disait il y a dix ans, nous pouvons, sans hésiter, le dire encore aujourd'hui, appuyés que nous sommes sur de nouveaux moyens de certitude. Deux phases de cette même révolution accomplies sous nos yeux suffiraient au besoin pour nous démontrer que l'évolution sociale qui a commencé en 89 n'a pas atteint son dernier but, et que nous marcherons longtemps encore dans l'orbite sociale où tout ce qui est doit être détruit, avant de recommencer ce qui a été et qui déjà n'est plus. Du règne de l'autorité divine, qui produit l'ordre, la liberté et la civilisation, jusqu'au règne de l'anarchie qui détruit tout, la distance est grande. Entre ces deux extrêmes se trouvent d'un côté le règne de la force brutale, qui succède à l'autorité légitime, et de l'autre la barbarie qui succède à l'anarchie et qui caractérise un peuple déchu. Ce sont là les quatre points cardinaux d'une révolution sociale. A quel point sommes-nous arrivés dans ce cercle fatal, autour duquel nous roulons sans nous arrêter jamais ?.. Il ne nous semble pas impossible de le dire. L'autorité légitime, l'autorité de droit divin a disparu. Il y a encore des peuples chrétiens en Europe, mais pas un gouvernement qui le soit. Le règne de la force brutale, qui n'est autre chose que le règne de la raison pure, a commencé avec le protestantisme ; il s'est consolidé et presque légitimé avec les gouvernements de fait. Mais cette puissance, qui a toujours succédé au droit divin, commence à déchoir :

les peuples se lassant d'obéir à l'homme, et n'ayant plus la foi qui les obligeait d'obéir à Dieu, ils ne veulent plus obéir à personne. En tombant dans l'anarchie, ils ne sont que conséquents ; car, enfin, mieux vaut l'anarchie qui fait mourir que l'esclavage qui fait vivre pour la souffrance. Déjà plusieurs fois l'anarchie, croyant que son tour était arrivé, a tenté de s'établir dans le monde. Elle a succombé, et jusqu'ici force est restée à la loi de la force ; mais son temps ne manquera pas de venir. Lamartine, le poëte-orateur de la France, a comparé les défaites de l'anarchie au mouvement du recul qu'éprouve un canon auquel on a mis le feu. Rien n'est plus juste que cette comparaison. Le canon recule, mais il reste pour avancer ensuite. Au moment où il recule, le boulet qu'il a lancé s'avance et fait une brèche à la muraille qui gardait la cité. Par cette brèche entreront une foule d'hommes qui, une fois ou l'autre, se rendront maîtres de la place. Qu'on nous dise s'il y a en Europe un seul gouvernement qui se mette sérieusement en garde contre les mauvais principes, les doctrines démagogiques, les mille moyens de démoralisation mis en œuvre par les anarchistes pour ruiner la société? Ne voyons-nous pas que partout on leur prête un appui qui leur donne les avantages de l'autorité?

Ceux qui ne voient de la société que ce qui frappe extérieurement les regards ne conviennent pas facilement que nous soyons sous l'empire de la force ; mais pour ceux qui, remontant aux causes de l'ordre momentané dont nous jouissons, y trouvent des armées immenses toujours sur pied, toujours l'arme au bras, pour arrêter un ennemi toujours prêt à faire irruption ; une police qui nuit et jour couvre le sol de la patrie, des prisons tellement grandes et nombreuses qu'elles suffiraient à un cinquantième de la population, sans y comprendre les terres d'exil et de déportation ; des lois, des règlements, des mesures de sûreté tellement multipliées qu'on les dirait faites pour une société de brigands : ceux-là comprendront que le monde en est réduit à ne compter que sur la force brutale. Oui, nous en sommes bien au règne de la force brutale.

De l'anarchie à la barbarie, le passage sera rapide et presque instantané, de sorte qu'en s'avançant sur les voies de la décadence, le mouvement suit une loi d'accélération semblable à celle que l'on observe dans la chute des corps. Morales ou physiques, toutes les chutes se ressemblent. Quel sera le jour de la catastrophe, nous ne le savons ; mais infailliblement elle arrivera. A l'exception du clergé qui travaille au rétablissement de la force morale, rois, princes, législateurs, ministres, tout le monde pousse à la destruction; mais, il faut le dire, personne n'y a poussé plus fortement que la diplomatie européenne.

C'est sans doute une accusation bien grave que celle que nous portons aujourd'hui contre les hommes qui ont la plus grande part au gouvernement des nations; mais pourquoi ne pas dire la vérité? Le diplomate savoisien dont nous avons entrepris de retracer l'histoire a pu, dans une seule circonstance, faire croire qu'il partageait les principes dissolvants qui dominaient dans le corps diplomatique; mais on verra qu'en réalité jamais il n'a cessé de défendre le droit divin de l'autorité.

Le droit public européen, dont les diplomates étaient les gardiens et les magistrats suprêmes, avait été, comme toute la législation civile et criminelle, formé sous l'influence des idées et des mœurs chrétiennes. Émané de cette source, le droit des peuples était, dans toute la force de l'expression, un droit divin. Il a persévéré dans cette voie jusqu'au seizième siècle. En tout soumettant au libre examen, en faisant de la religion de Dieu une religion de l'homme, le protestantisme a fait prévaloir les droits de l'homme sur ceux de Dieu, et dans le droit universel comme dans le droit particulier la force est peu à peu devenue la règle unique des transactions de peuple à peuple. De même que le roi dans la monarchie, et une assemblée de députés dans un gouvernement constitutionnel, ont pu se dire : L'État, c'est nous ! de même les diplomates ont pu dire : Les nations, c'est nous ! Dans les traités, dans les partages ils ont largement usé de cette omnipotence qu'ils se sont très-gratuitement adjugée. Il nous est impossible d'entrer ici dans des détails sur les alliances contre nature qu'ils ont conseillées, sur les nationalités qu'ils ont détruites, les guerres désastreuses qu'ils ont rendues nécessaires. Mais un mot nous suffira pour résumer tout le mal qu'ils ont fait à la société : ils sont parvenus à faire détester la souveraineté, en jetant la discorde entre les peuples et ceux qui doivent les conduire. Oubliant le magnifique rôle qu'ils avaient à remplir, au lieu d'être les conservateurs des droits généraux, les défenseurs du droit des gens, les magistrats de la justice universelle, ils se sont faits les avocats des petits intérêts. Dès lors ils ont dû remplacer la loyauté par l'astuce, et les traités sont devenus des conquêtes de parti, ou des triomphes d'ambitions particulières. Le traité d'Aix-la-Chapelle, le traité d'Utrecht, ont été une victoire du protestantisme sur le catholicisme ; ceux de 1772, 1793 et de 1795, relatifs au partage de la

Pologne, n'ont eu pour but que de satisfaire l'ambition des princes du Nord.

Le traité de Paris de 1814, les traités de Vienne de 1815, qui devaient se borner à des restaurations, se sont convertis en marchés politiques auxquels beaucoup de petites nationalités ont dû servir d'appoint. Au lieu d'apprendre aux peuples à être justes, on a cru qu'il fallait leur apprendre à être forts, comme si la force ne pouvait pas réagir sur elle-même et se détruire par son propre poids. Ce n'est plus du dehors que viennent les dangers les plus grands, c'est ce que ne voient pas les artisans de la démoralisation.

La diplomatie protestante, qui a prévalu en Europe depuis la guerre de Trente ans, a plus tard fait alliance avec l'école philosophique, et dès lors n'a cessé de travailler à l'affaiblissement de l'Église. Elle l'a fait avec tant d'astuce, qu'elle a réussi à enrôler sous ses drapeaux les princes catholiques, qui eux-mêmes se sont aidés à saper les fondements de leur propre autorité, tout en croyant l'accroître.

De même que les législateurs, les diplomates devraient être des hommes d'avenir, des hommes à grandes prévoyances, des hommes capables d'aller chercher au bout d'un siècle qui est encore à venir les effets qu'auront produits les mesures politiques auxquelles ils auront attaché leur nom. Au lieu de cela, les diplomates se sont montrés comme des sectaires désireux de faire triompher leurs doctrines, et surtout d'étouffer la voix du premier ministre de Jésus-Christ. Ils ne voient pas qu'en dénudant les intelligences de toutes les vérités positives de la foi chrétienne, ils les font aboutir au scepticisme et les forcent de douter du pouvoir.

Ils ne s'en sont pas toujours tenus à ces moyens indirects de produire le mal, ils ont souvent encore directement encouragé les révolutions, sans se douter peut-être que l'incendie qu'ils allumaient s'étendrait un jour jusqu'à leur propre demeure. Qui ne se rappelle ce ministre anglais qui se vantait de pouvoir à son gré ouvrir la porte des orages révolutionnaires et les lancer sur les autres nations? Ses successeurs n'ont-ils pas avoué savoir combien de livres sterling coûte l'exportation d'une révolution? Il y a peu de temps, ne les avons-nous pas vus à l'œuvre dans la Suisse et dans toute l'Italie? N'avons-nous pas entendu tomber de la tribune anglaise les mots d'ordre donnés aux conspirateurs de Naples, de Rome et de toute la péninsule Italique? Peut-il y avoir, parmi les hommes capables de penser, des esprits assez simples pour attribuer à un zèle de piété chrétienne cette immense croisade protestante organisée contre l'Église de Jésus-Christ? Ceux qui payent et qui commandent cette armée savent bien que, quand ils réussiraient à faire entrer dans une intelligence tout le bagage des doctrines éclectiques qu'ils tirent de la Bible, il n'y aurait pas de quoi former un bon chrétien ; mais ils savent aussi qu'ils réussiront à démoraliser quelques catholiques en ébranlant leur foi, et cela leur suffit. Hommes d'un jour, d'un intérêt, d'une idée, ils ne voient pas que la pensée de l'universel qui commence à planer sur les intelligences fera bientôt retomber sur leur propre pays les calamités qu'ils auront semées sur d'autres.

Sous l'empire du grand conquérant, la diplomatie, effacée par la prépondérance du sabre, a gardé le silence ; le travail révolutionnaire a été abandonné aux sectes philosophiques et aux loges du Grand-Orient. 1815 est venu, et, pour son malheur, le monde a été de nouveau livré à une diplomatie dominée par le voltairianisme et l'incrédulité.

Dire que les Metternich, les Talleyrand, les Pozzo di Borgo, les Canning, les Palmerston, et tant d'autres, ont voulu livrer l'Europe au socialisme, ce serait une exagération qui passerait au ridicule ; on serait moins éloigné de la vérité en assurant qu'ils n'ont pas cessé de le faire sans le vouloir. Alors même qu'ils ont été forcés de s'opposer à l'accomplissement d'une révolution, ils l'ont fait avec tant de ménagement, tant d'astuce, et l'on pourrait presque dire tant de tendresse, que, loin de la combattre, ils semblaient plutôt lui tracer la marche à suivre pour aboutir. S'ils ne voulaient pas la révolution tout entière, ils en voulaient au moins ce qui convenait à leurs intérêts, à leurs opinions ou à leurs antipathies. A tout ce qu'ils faisaient, il y avait une pierre d'attente en faveur du premier mouvement révolutionnaire.

Si, mus par un instinct de conservation, les princes proposent ou prennent quelques mesures favorables au repos de leurs peuples et à la justice universelle, ils sont bientôt entourés de ces hommes qui croient avoir reçu la parole pour cacher la pensée. On applaudit d'abord ; puis on montre les inconvénients attachés à ces mesures, on manifeste des craintes ; puis enfin on parvient à montrer que ces mesures portent avec elles des dangers réels. De cette sorte les intentions les plus louables restent sans effet, *et la révolution continue*. Qu'est devenue cette Sainte-Alliance conclue sous les auspices de la sainte Trinité pour servir aux peuples d'assurance contre la révolution ? A cause du tort qu'elle avait de chercher, dans le droit divin, le droit des peuples et celui des princes, c'est-à-dire le droit social, elle a été ensevelie dans les archives de la diplomatie, où l'histoire ira la chercher pour s'assurer qu'elle vécut un jour. Ce n'était pas assez de rendre inutile cette convention, qui témoignait du moins un certain respect pour les hommes; il fallait la retourner contre ceux qui l'avaient conçue, et c'est ce qu'on parvint à faire en inventant le principe de la non-intervention, qui n'est pas autre chose qu'une assurance en faveur de toutes les révolutions. A côté de la non-intervention est venue se ranger comme conséquence la doctrine des faits accomplis, d'où sort tout naturellement la justification de tous les crimes. Faut-il s'étonner si *la révolution continue ?*

Nous en étions là de nos pensées sur l'action de la diplomatie, quand nous est arrivé le bel ouvrage des *Avvedimenti politici* de M. le comte de Lamarguerite. La parole de cet homme de bien, qui a par lui-même pu voir les diplomates à l'œuvre, puisqu'après avoir passé par tous les degrés des missions diplomatiques il a été ministre des affaires étrangères, est d'une autorité d'autant plus irrécusable qu'il ne s'agit ici que d'un fait à établir, à savoir, que depuis longtemps la diplomatie a prêté son appui à la révolution. Ce que nous allons ajouter n'est qu'une espèce d'analyse du dix-septième chapitre des *Aperçus politiques*.

Vingt fois la diplomatie aurait pu sauver le monde,

et peut-être l'aurait-elle fait si, en le sauvant, elle n'avait redouté de le voir devenir trop chrétien. Au lieu de rompre entièrement avec la révolution, à laquelle il avait succédé, Bonaparte n'avait fait que transiger avec elle ; il en avait conservé les principes et les hommes. Trop confiant dans sa force, il espérait dominer les uns et les autres : c'est lui qui a été vaincu. Cette même erreur s'est répétée, et probablement se répétera encore.

Après lui, les Bourbons rentraient, applaudis par un peuple qui n'avait pas cessé d'être attaché à la monarchie, et surtout à la monarchie de tradition. Ils auraient pu donner à la France des institutions conformes aux idées, aux besoins, aux mœurs d'un peuple catholique, monarchique, et jaloux de continuer à être lui-même autant que de sa liberté. Au lieu de cela, Louis XVIII, imbu des principes des sectes philosophiques, formé à l'école anglaise, entouré des adeptes de la maçonnerie, flatté, séduit par cette portion de l'aristocratie sociale qui, elle aussi, veut le pouvoir, Louis XVIII rompt avec l'histoire du pays ; il ose espérer que la nation française se trouvera contente d'être soumise au régime que l'Angleterre a appris à respecter pendant plus de cinq siècles. La charte de Louis XVIII, comme toutes les modernes constitutions, transportant toute l'autorité sur une assemblée mobile, issue de l'élection, a fait faire un grand pas à la révolution. Les souverains étrangers avaient laissé à ce prince la liberté de donner les institutions qu'il croirait les plus convenables au peuple français. Sans reconstruire la monarchie d'après celle de Louis XIV, il pouvait, en donnant la liberté au peuple qu'il devait gouverner, conserver au souverain l'autorité qui lui est nécessaire pour la défendre; mais Talleyrand, mais la diplomatie anglaise, mais cette foule de révolutionnaires dont il était entouré voulaient que la révolution continuât, et elle continue. Si, au lieu de pousser à la révolution ou de rester neutre, la diplomatie avait usé de son influence pour déterminer un mouvement contraire, il n'est pas de doute qu'elle n'eût réussi.

Dès ce moment la révolution aura dans la diplomatie un levier qui ne manquera pas d'ébranler tous les pouvoirs. Ce que l'on a appelé le *parti libéral* envahit les cours, domine les administrations, entoure les princes, s'assoit dans tous les conseils, y porte les mots d'ordre des sociétés secrètes, et imprime son caractère à toutes les lois, à toutes les résolutions qui se prennent en Europe; mais nulle part cet esprit d'orgueilleuse indépendance n'est plus ancré que dans la diplomatie. C'était alors chose convenue qu'il n'y avait de grand prince que celui qui abdiquait le pouvoir et livrait son peuple à la rapacité de cette aristocratie bourgeoise qui a fait dominer dans le monde la désolante doctrine de la liberté absolue de l'impôt. S'il y avait un roi qui ne consentît ni à ruiner ses sujets ni à les soumettre au despotisme d'une troupe de législateurs sans responsabilité, on soulevait contre lui l'opinion publique, on le déconsidérait, et ainsi on le livrait d'avance à la fureur des conspirateurs. Les diplomates n'étaient pas les moins habiles dans ce travail de perversion. Ils ne se montraient sans doute pas toujours des conspirateurs gagés, mais toujours des servants de conspirations.

Dès 1819, et surtout dès 1820, on put s'apercevoir des progrès qu'avait faits la révolution. Les conspirateurs, jusque-là cachés dans l'ombre, se crurent assez forts pour se montrer en Espagne, à Naples, dans la Romagne, dans la Lombardie et dans le Piémont. On pensera sans doute que les souverains réunis à Troppau, à Laybach, à Vérone, se hâteront de réprimer les révoltes, et, prévoyants pour l'avenir, encourageront les gouvernements à donner des lois favorables au repos, à la moralité et au bonheur des peuples; des institutions, enfin, capables de fermer l'ère des révolutions. Erreur! En réprimant, ils mettront toujours et partout des pierres d'attente pour les révolutions. Ils craignent le socialisme, qui est le dernier terme de la révolution ; mais ils paraissent plus encore redouter le catholicisme, dont les dogmes les effrayent. Au lieu de voir les causes de la révolution dans les principes subversifs, dans les passions mauvaises des conspirateurs, les diplomates en rejettent pour l'ordinaire la responsabilité sur les princes, qu'ils accusent de n'avoir pas voulu marcher avec le siècle, c'est-à-dire de n'avoir pas voulu se joindre aux conspirateurs pour faire plus rapidement avancer leur œuvre.

Que fit la diplomatie quand les armées de l'Autriche eurent, en 1821, rétabli sur son trône le roi des Deux-Siciles? Au lieu d'aider ce prince à restaurer son autorité, elle aida la révolution à se choisir des hommes dévoués et à faire des lois favorables à ses desseins.

A Turin elle fit mieux : quelques-uns de ses membres, les ministres de France, d'Espagne et de Bavière, étaient à cette même époque les fauteurs les plus ardents de la conspiration, et quand ils virent que la révolution était impossible pour le moment, ils mirent tout en mouvement pour obtenir qu'au lieu de l'étouffer on en vînt à transiger avec elle, en conservant ses hommes, ses principes et ses premières conquêtes.

En 1824, après que le duc d'Angoulême eut brisé les chaînes dans lesquelles était retenu le trop faible Ferdinand VII, est-ce que la diplomatie ne se déclara pas la protectrice des vaincus ? Est-ce qu'elle n'exigea pas que la royauté sacrifiât ses défenseurs les plus dévoués pour ne s'entourer que de ces hommes privés de foi politique, prêts à servir le crime quand il sera favorable à leur intérêt ?

N'est-ce pas la diplomatie qui, en empêchant don Miguel de se consolider sur le trône du Portugal, a placé ce malheureux pays dans les griffes du léopard britannique ?

En 1830, la faiblesse de la diplomatie n'a-t-elle pas été un encouragement pour les émeutes de Paris ?

Au moment où la Belgique leva l'étendard de la révolte, les diplomates ne se rangèrent-ils pas contre le pouvoir constitué ? Qui ne se souvient de cette guerre bizarre ordonnée par la diplomatie, guerre dans laquelle une armée d'un côté et une ville de l'autre, combattaient en champ clos, et donnaient à l'Europe, qui restait paisible, le spectacle d'un duel à vastes proportions ? On se tromperait fort si l'on pouvait croire que la diplomatie soutenait la Belgique par amour du catholicisme, opprimé par le gouvernement des Pays-Bas. C'est comme révoltés, et non comme catholiques, que les Belges étaient encouragés.

En 1831, Grégoire XVI était élevé sur le trône pontifical. Les conspirateurs italiens levaient la tête, et alors, comme en 48, comme aujourd'hui, menaçaient de préférence la partie de la Péninsule qui n'a pour se défendre que la paternité, la clémence et la bonté d'un roi pontife. Au lieu de soutenir cette colonne sur laquelle s'appuie l'édifice social européen, les diplomates, devançant les révolutionnaires de 48, peut-être dociles aux mots d'ordre des sociétés secrètes, s'entendent pour demander les *réformes*. Des réformes pour le pays le plus riche, le plus brillant, le plus civilisé de l'Europe! Et demander ces réformes au gouvernement qui a enfanté cette civilisation!... Les conseils ne furent pas écoutés par le gouvernement; mais ils furent entendus par les révolutionnaires, qui prirent courage, ménagèrent les événements que l'on vit éclore plus tard, et la révolution put continuer.

La révolution, qui continue, a depuis grand nombre d'années placé son camp de réserve au centre de l'Europe. La Suisse est l'officine où elle élabore ses projets, où elle tient les registres de ses enrôlements, où elle fait ses premières expérimentations; c'est la citadelle où elle se réfugie après ses défaites.

Tous les agitateurs, tous les félons des autres pays, tous les criminels politiques ont passé par là, et avec l'empreinte de son pied chacun y a laissé l'empreinte de ses doctrines. Plus de trente révolutions, et souvent accompagnées de guerre civile, se sont opérées, en moins de trente ans, dans ce malheureux pays. On y a soldé et même glorifié l'assassinat; on a spolié; on a confisqué, volé la propriété ; on a, sans forme de procès, emprisonné et ensuite exilé les hommes que l'on trouvait trop honnêtes. Dans tous ces mouvements qu'a fait cette diplomatie qui adressait à Grégoire XVI un *memorandum* pour l'inviter à réprimer ce qu'elle appelait des abus ?... Comme si elle eût été jalouse d'avoir sa part de gloire dans les méfaits qui ont souillé le sol de l'antique patrie de la liberté, elle est restée dans l'extase de l'admiration. A l'exception de l'Angleterre, pas une puissance qui n'ait été insolemment bravée par la Suisse, et, grâce à la diplomatie, toujours impunément.

Contre une neutralité qui devait assurer son repos et sa prospérité, les traités de 1815 n'imposaient pas, mais encourageaient dans la Suisse une constitution qui la retenait dans l'impuissance de se nuire à elle-même et d'inquiéter ses voisins ; elle a bravé les traités, détruit sa constitution, échangé la liberté dont elle était fière contre l'unité fédérale et la servitude centrale. La liberté vraie a, comme partout ailleurs, fait place à la liberté illimitée de la ruine et des impôts. Qu'ont dit les diplomates quand la Suisse a, de cette manière, renié la foi promise à d'autres nations? Qu'ont-ils fait quand une partie de cette même Suisse, jalouse de conserver son antique liberté, s'est liguée pour la défendre au prix de son sang? Ne se sont-ils pas, avec l'émissaire anglais, rangés du côté des tyrans?

Quand la Suisse a reçu, naturalisé, soutenu les traîtres qui venaient se cacher derrière ses montagnes pour conspirer avec plus de sécurité, la diplomatie s'est, en se faisant aussi humble que possible, décidée à demander leur éloignement, et vingt fois les puissances ont été le jouet des tromperies du radicalisme helvétique : on a tout pardonné, dans la crainte sans doute de gêner la marche de la révolution.

Quand on a spolié des classes entières de citoyens suisses et même de citoyens étrangers qui criaient, comme ce Romain qui en appelait à sa patrie : Je suis Allemand, je suis Italien, je suis Français! qu'ont dit les diplomates, ces magistrats de la justice universelle?... Nous ne savons s'ils ont parlé; mais ce que nous savons, c'est qu'ils ont laissé faire.

L'Autriche avait en Suisse d'anciennes fondations

qui ont été confisquées ; la Lombardie des institutions qui ont été détruites ; la France, et presque toute l'Europe, avaient sur le grand Saint-Bernard un établissement que de longs sacrifices avaient doté : il a été confisqué par les radicaux du Valais. Qu'a fait la diplomatie ?... On assure que la France a osé adresser au Valais quelques paroles officieuses dont les spoliateurs se sont moqués.

La Prusse avait, par les traités et même par le vœu des habitants, des droits sur le canton de Neuchâtel ; les révolutionnaires l'en ont déclarée déchue. Après un long silence, la diplomatie réunie à Londres a déclaré légitimes les droits de S. M. le roi de Prusse ; mais, en lui donnant raison, elle a eu soin de lui dire : La diplomatie reconnaît vos droits, mais à condition que Votre Majesté respectera les droits de la révolution ! Et la révolution sera respectée...

Qui ne sait combien la diplomatie a souffert de voir l'Autriche faire semblant de se fâcher pour l'expulsion de quelques capucins ?

Sous quelque rapport que l'on envisage la Suisse, on trouve que, vis-à-vis d'elle, la diplomatie a méconnu ou trahi ses devoirs. Intérêts de droit public, intérêts de droit particulier, intérêts religieux, intérêts civils, dignité des princes et des peuples, sainteté des engagements, tout a été sacrifié à la révolution. Et le travail de révolution y continue plus que partout. A voir ce qui se passe, à l'heure qu'il est, dans le canton de Fribourg, on croirait à une peuplade de brigands plus qu'à une nation chrétienne.

La Suisse continuera à être l'atelier où se forgeront les armes du socialisme; les coups de marteau retentiront jusqu'à l'oreille de la diplomatie : peut-être dira-t-elle de frapper moins fort; mais elle permettra de frapper toujours, dans la crainte, sans doute, que la justice et le repos qu'elle pourrait faire régner ne fussent utiles aux intérêts religieux.

Un grand philosophe, le comte de Maistre, a dit quelque part : Les princes ne peuvent être bien servis que par la vertu, ou par le vice contre la vertu. C'est une vérité que démontre l'histoire. S'il n'y avait eu dans la diplomatie et dans les gouvernements que des hommes sincèrement libres de tout engagement vis-à-vis des sociétés secrètes, religieux comme l'était le comte de Sales, nous ne craignons pas de l'affirmer, ces orages qui grondent à l'horizon et qui menacent le monde, ce sombre voile de terreur qui couvre la société, cette incertitude de l'existence du lendemain, ne causeraient pas tant d'inquiétude aux esprits agités. La civilisation, restant chrétienne, continuerait, en progressant, à donner aux peuples la prospérité morale, avec elle la prospérité matérielle, et aussi les vertus qui sont nécessaires pour la maintenir.

Le comte de Sales était un de ces types de l'ancienne société, un de ces hommes qui, devenant de plus en plus rares, doivent être connus, et rester pour servir de modèle dans le temps où, forcé de revenir aux véritables principes, le monde consentira à être dominé par la vertu plutôt que par la force. Franc, loyal, sincèrement religieux, fidèle à son roi, dévoué à sa patrie, il semblait en toute chose oublier sa personnalité pour n'obéir qu'au devoir. Le devoir, le juste et le vrai étaient sa règle absolue.

Sa modestie était telle, qu'en publiant sa vie, nous sommes certain d'aller contre ses intentions ; mais nous songeons à la société, qui a besoin de bons exemples, bien plus qu'à lui qui a reçu dans le ciel, nous en avons l'espoir, une gloire plus désirable que celle que pourraient lui procurer nos efforts. Sans le désir de rester inconnu qu'il a souvent manifesté, nous aurions trouvé pour écrire sa vie de nombreux matériaux ; car, après sa mort, on a trouvé de volumineux paquets de papiers soigneusement enveloppés et cachetés, sur lesquels il avait écrit de sa main qu'après lui ces papiers devaient être livrés aux flammes. M. le baron de Livet, son ami et son exécuteur testamentaire, homme d'une délicatesse scrupuleuse, d'accord avec madame la comtesse de Sales, a fidèlement suivi ses volontés. Nous n'avons trouvé que les brouillons de quelques pièces particulières que nous publions, afin de le faire connaître par lui-même. Le reste est puisé dans les souvenirs qui nous sont restés des entretiens que nous avons eus avec lui, et d'une correspondance qu'il a, pendant quarante ans, fidèlement entretenue avec monseigneur Rey, mort évêque d'Annecy.

S. Exc. M. Dabornida, ministre des affaires étrangères à Turin, en encourageant le dessein que nous avions conçu d'écrire la vie du dernier des de Sales, a bien voulu nous fournir des documents qui nous ont été d'un grand secours. Dans la lettre qui accompagne cet envoi, S. Exc. nous dit :

« Votre Grandeur verra, par les expressions flat-
« teuses dont nos souverains se sont servis en parlant
« du comte de Sales, et par celles qu'ont employées
« en lui écrivant leurs différents ministres des af-
« faires étrangères, quelle haute estime et quelle
« confiance sans bornes ils avaient en cet habile di-
« plomate, si distingué par son mérite, ses talents et

« les nombreux services qu'il a rendus dans toutes
« les missions qui lui ont été confiées, et si recom-
« mandable par son noble caractère et le rare désin-
« téressement qu'il a montré dans plus d'une cir-
« constance.

« J'aime à espérer que Votre Grandeur trouvera,
« dans les documents que je me fais un plaisir de lui
« envoyer, tout ce qui lui est nécessaire pour complé-
« ter l'historique de la carrière de son illustre compa-
« triote, l'honneur de notre diplomatie, dont la vie a
« été si bien remplie, et dont la mort a excité d'una-
« nimes regrets, non-seulement dans sa patrie, mais
« encore dans toutes les cours étrangères où il a été
« accrédité et où il a laissé d'honorables souvenirs.

« En écrivant la vie de cet homme de bien dont
« s'honore la Savoie, Votre Grandeur acquiert des
« droits à la reconnaissance du pays. »

M. de Sales n'avait jamais permis que l'on fît son portrait. Son fidèle serviteur, Jacques Chappaz, qui l'avait pendant quinze ans accompagné, servi et aimé, a fait faire, après la mort de son maître, ce qu'il n'avait pu obtenir de son vivant. Le portrait que nous joignons ici a été fait d'après celui qui a été pris à la porte du tombeau.

NOTICE HISTORIQUE

SUR M. LE COMTE

PAUL-FRANÇOIS DE SALES.

I.

Sa naissance.

L'extinction d'un nom que plusieurs siècles de vertu ont rendu illustre est toujours un malheur pour le pays et la nation qui perdent un dévouement auquel ils étaient habitués. La Savoie, qui a, pendant plus de huit siècles, joui des services et des gloires de la famille de Sales, en gardera sans doute toujours le souvenir; mais ce nom ne paraîtra plus, comme autrefois, autour du trône de nos princes, parmi les plus illustres chevaliers de Malte, dans les armées de Savoie, de France et d'Allemagne, dans les hauts rangs de la magistrature et de l'Église, dans la diplomatie et dans les lettres. Le dernier des de Sales, Paul-François, a, le 26 août 1850, emporté dans la tombe un sang qui avait coulé pour la patrie souvent, et pour l'honneur et la vertu toujours.

Paul-François naquit à Annecy le 17 novembre 1778, de Claude de Sales de Brens et de Louise-Philiberte de Fésigny. A cette occasion François de Sales, évêque de la cité d'Aoste, qui fut choisi pour en être le parrain, écrivit à son frère la lettre suivante :

Aoste, 24 novembre 1778.

« Monsieur et très-cher frère,

« Je bénis le Seigneur et vous félicite, de même
« que ma belle-sœur, de ce qu'il a daigné exaucer
« nos vœux par la naissance de cet enfant, qui
« vient cependant un peu trop tard au monde pour
« que vous puissiez avoir la satisfaction de le voir
« élevé. Il a heureusement une mère qui est jeune,
« et qui est en état de lui donner une bonne éduca-
« tion. J'ai lieu d'espérer que son parrain se ferait,
« au besoin, un devoir d'y contribuer. Je regarde
« cet enfant comme un dépôt que Dieu met entre
« vos mains pour que vous en ayez tout le soin
« possible, se réservant, comme il est juste, le droit
« de le retirer quand bon lui semblera, puisqu'il en
« est le premier père. C'est la réflexion que vous
« devez faire pour modérer votre joie, et vous atta-
« cher à cet enfant beaucoup plus par les sentiments
« de la religion que par ceux de la nature. Vous

« vous préparerez, par ce moyen, un grand motif
« de consolation pour le cas où le Seigneur en exi-
« gerait le sacrifice. J'espère que ma belle-sœur me
« donnera encore le plaisir d'être parrain d'un se-
« cond fils. Je l'embrasse tendrement. Mes homma-
« ges à M. le marquis de Sales et à toute la famille.
« Croyez-moi toujours, avec un parfait attachement,
« votre très-humble et très-obéissant frère et servi-
« teur.

« F., évêque d'Aoste.

« *A M. le chevalier de Sales, commandeur de l'or-*
« *dre des SS. Maurice et Lazare, colonel d'in-*
« *fanterie dans les troupes de S. M. — Annecy.* »

Il y a bien des choses qui peuvent faire présumer quelle sera, non pas la carrière, qui dépend de tant de circonstances, mais bien la vie morale d'un homme. Le jeune de Sales, issu d'une famille illustre par les guerriers qu'elle a donnés à la patrie, par les prélats qu'elle a fournis à l'Église, et plus encore par le grand saint qu'elle a envoyé au ciel, ne pourra qu'être un homme grave dans ses mœurs et ferme dans sa foi. Qu'il soit soldat, diplomate, magistrat, prêtre ou simple laboureur, il sera toujours grand, généreux, franc, loyal, dévoué à son prince et à son pays. Il n'est pas si facile qu'on le pense de démentir son sang. Il y a pour la famille, comme pour les nations, une certaine puissance de tradition qui impose, ou, si l'on veut, qui inspire à la chair et à l'esprit des vertus ou des vices que l'éducation peut modifier et tempérer, mais qu'elle a bien de la peine à détruire.

Cet enfant, qui n'eut pas de frère, avait à peine dix ans, qu'il fut appelé à la cour de Turin par le roi Victor-Amédée III. Après avoir pendant quelque temps été, en qualité de premier page, auprès du prince et de la princesse de Piémont, il passe, avec le même rang, auprès du roi. Il montre, dans la position de confiance qui lui est donnée, tant de prudence et de maturité, qu'à l'âge de quatorze ans, le roi en fait son secrétaire particulier, et, en cette qualité, le garde auprès de lui pendant cinq années.

C'est dans ce poste honorable qu'était le jeune de Sales, quand la révolution française vint effrayer le monde et allumer une guerre qui devait arroser de sang toutes les contrées de l'Europe.

Malgré le désir qu'avait le roi Victor-Amédée de garder une neutralité armée et de préserver ses peuples du fléau de la guerre, la Savoie fut envahie par les armées de la république, le 22 septembre 1792.

Le jeune de Sales, qui venait d'entrer dans sa quinzième année, et qui avait droit au grade de lieutenant, ne peut apprendre le malheur de sa patrie sans sentir fermenter dans son cœur cette ardeur militaire à laquelle avaient obéi ses ancêtres. Il se jette aux genoux du roi pour lui demander d'aller se battre et défendre en même temps son roi et son pays. Le prince refusa et voulut le garder encore auprès de lui. Il en fit dès lors son homme de confiance, son secrétaire intime.

Le jeune officier obéit; mais il lui en coûtait d'autant plus, qu'il savait les efforts que faisait son cousin, le marquis de Sales, qui avait engagé sa fortune pour lever des troupes, les équiper, les entretenir et se mettre à leur tête, afin de dégager la vallée du haut Faucigny, occupée par les troupes de la république française.

Cependant la guerre continue : les Français emportent les redoutes du mont Cenis le 14 mai 1794, et s'ouvrent ainsi les portes du Piémont, d'où ils ne doivent plus sortir.

Après des revers et des malheurs de tout genre, Victor-Amédée III meurt à Moncalier le 16 octobre 1796, et le 9 décembre 1798 son malheureux fils, Charles-Emmanuel IV, renonce au trône que ses ancêtres avaient occupé et honoré pendant huit siècles. Par la convention qu'il signe avec le général Joubert, commandant en chef l'armée française en Italie, le roi ordonne à l'armée piémontaise de se regarder comme partie intégrante de l'armée française. Le jeune officier aurait pu sans déshonneur passer sous les drapeaux des vainqueurs; mais il y avait dans le cœur de ce jeune homme trop d'affection pour son roi pour lui permettre de servir ceux qui venaient de briser sa couronne. Le sang des de Sales qui coulait dans ses veines y réchauffait un sentiment de patriotisme plus fort que les revers, et même que les perspectives de la gloire.

La même convention laissant aux sujets sardes la liberté de se retirer où ils voudraient, le jeune officier déposa son épée et se retira avec madame de Sales, sa mère, à Genève, où il passa quelque temps, attendant des jours meilleurs.

C'est de là qu'il vient se fixer dans sa terre de Thorens, seul débris de la grande fortune dont ses ancêtres avaient joui. C'est encore là que l'appelait la simplicité de ses goûts et de ses mœurs. Il fit, du reste, ce que la noblesse et la haute bourgeoisie auraient dû ne jamais cesser de faire : s'attacher à la terre, vivre dans la campagne, au lieu de courir après les jouissances des villes et les ambitions des cours, où la noblesse a dû s'éteindre avec une rapidité qui semble un prodige historique impossible à expliquer. Si, comme dans d'autres temps, les nobles n'étaient sortis de leurs manoirs que dans les moments critiques où la patrie avait besoin de leurs bras, leurs familles seraient encore pleines de vigueur.

Le village de Thorens, caché dans les montagnes, était riche des souvenirs de la famille de Sales. Si le jeune comte n'y trouvait pas le luxe qu'il avait laissé dans la demeure des rois, il y trouvait les leçons de modération que redisait la simple demeure de ses ancêtres.

Une fois fixé dans la campagne, le comte de Sales prend une part active à tous les travaux de l'agriculture. Il ne dédaigne pas de mettre la main à la charrue. Au 30 juillet 1811, il écrit à un ami : « Vous serez un peu étonné de mon retard à vous « répondre ; mais que voulez-vous ? J'étais allé faire « les foins à la montagne, et le temps a été si mau- « vais, que je m'y suis trouvé retenu quinze jours. « De là, comment vous écrire ? Je n'avais à mon « service que des fourches et des râteaux ; ces ins- « truments ne sont guère propres à tracer des pen- « sées. »

Le premier page, le secrétaire intime du roi, le capitaine d'état-major devient subitement un agriculteur de village, qui ne se distingue de ceux qui l'entourent que par l'intelligence qu'il apporte dans ses travaux, la bonté de cœur qui le caractérise, la fidélité au sentiment religieux qui le guide en toute chose et une certaine dignité qui rayonne de toute sa personne. Cette dignité qui semble attachée à la beauté de sa figure, à la bienveillance de sa physionomie, à la noble simplicité de ses manières et à la modestie de sa parole, ne l'a jamais abandonné.

Pendant qu'il était jeune homme et presque enfant, cette dignité avait attiré sur lui l'estime de ses princes; elle force aujourd'hui le respect des ouvriers de la campagne à côté desquels il est assis sur le gazon dans les champs de la montagne; plus tard, quand il sera dans les fêtes des cours et dans l'assemblée des hommes distingués qui mènent le monde, elle fixera encore sur lui tous les regards. Elle impose à ceux qui le voient un sentiment contre lequel on ne cherche pas à se défendre. Cet homme était né président; pendant qu'on le voyait, il était difficile de lui en refuser la place : lui seul se la contestait toujours.

Quoique issu de la branche aînée de sa famille, le comte de Sales n'était pas riche. Il vivait modestement autour de la petite terre qu'il améliorait par son travail et son zèle pour les progrès de l'agriculture. Pourtant la modicité de sa fortune ne l'empêchait pas d'être grand, généreux et bienfaisant pour les pauvres.

En 1812, il avait trente-quatre ans, et un de ses amis l'encourageait à se marier. Il lui répondit : « Je « n'ai point changé la nature de mes désirs et de « mes espérances, relativement au grand projet dont « je vous ai confié le secret; j'attends avec patience « le moment fixé pour cela. Je laisse mûrir les cho- « ses dans les desseins de Dieu et dans le cœur de « ma mère, qui a bien de la peine à borner là ses « désirs pour moi. »

Six mois après, il écrivait au même : « Je viens de
« passer deux semaines à la montagne, et, dans cette
« solitude, j'ai eu le temps de réfléchir sur ce que
« votre amitié me propose : c'est donc avec l'assu-
« rance d'une personne décidée que je puis vous
« répondre. J'ai trouvé en moi des raisons qui ne
« me laissent pas même le choix de faire un ma-
« riage tel que le monde pourrait me le souhaiter.
« En rentrant sérieusement dans moi-même, j'ai
« reconnu l'inutilité de mes premiers désirs, et j'ai
« dû faire le sacrifice de mes espérances à la con-
« naissance plus approfondie de mon caractère, de
« mes moyens et de ma position. J'ai besoin auprès
« de moi d'une personne sage, spirituelle, qui puisse
« sous ce rapport suppléer à tout ce qui me manque.
« Il faut de plus qu'elle convienne à ma mère et
« qu'elle ne soit point effrayée de la vie retirée où
« je suis convaincu que Dieu veut me retenir pour
« m'éloigner des dangers du monde. Il semble ne
« me promettre des jours tranquilles qu'à condition
« que je resterais dans la vie la plus obscure. Il est
« possible que la personne dont vous me parlez pos-
« sède toutes ces qualités ; mais je ne la connais pas
« et n'éprouve pas le besoin de la connaître, parce
« que j'en connais une autre qui n'est ni jeune, ni
« jolie, ni riche, mais qui me semble remplie d'a-
« mabilité, de sagesse, et ces vertus ont déterminé
« mon choix pour elle. Il y a six mois que j'y pense.

« Je me soumets dès lors à un certain noviciat, afin
« de bien connaître quels sont les desseins de Dieu
« sur moi. Quand je serai décidé sur mes goûts,
« j'en parlerai à ma mère, à M. de Sonnaz et à
« vous. »

Cette personne était mademoiselle Leblanc, qu'il épousa à la fin de février 1813, et dont il n'eut point d'enfant. Elle joignait à une instruction très-étendue une piété profonde, une timidité qui la portait à s'éloigner du monde et à rechercher la solitude ; peut-être est-ce là ce qui détermina le choix de M. de Sales, qui croyait finir ses jours dans les montagnes de Thorens. N'aurait-il point cherché d'autres motifs déterminants s'il avait pu prévoir que la Providence l'attendait à Vienne, à la Haye, à Berlin, à Saint-Pétersbourg et à Paris ?

Mais voilà que l'Europe va changer de face et que le comte de Sales sera arraché par d'autres devoirs à l'affection qu'il avait pour la vie simple et laborieuse des champs, pour les habitants du village qui le vénèrent et qu'il aime. Il partira, mais le souvenir de Thorens le suivra partout. Écoutons-le plutôt lui-même quand il est éloigné du foyer paternel.

Au 31 octobre 1817, il écrit de la Haye à un ami : « Me voici maintenant tout établi dans ce nou-
« veau séjour ; quoiqu'il ne ressemble guère à la
« vallée de Thorens, je tâcherai de m'y plaire aussi

« longtemps qu'il faudra que j'y reste. En cela je
« dois reconnaître une grâce d'état; car ce pays
« n'aurait pas mes préférences si j'avais pu faire
« un choix. Ici je ne vois d'autres montagnes
« que les bancs de sable qui sont au bord de la
« mer. »

En 1816, il écrivait de Paris : « Adieu, mon cher
« ami ; aimez-moi toujours, et soyez persuadé que
« mon cœur ne quittera jamais nos montagnes pour
« se fixer ici. »

En apprenant à la Haye qu'il était envoyé à Saint-Pétersbourg, il écrivait à son ami : « La destination
« que l'on vient de me donner va exiger de moi
« de nouveaux sacrifices. Je ne veux pas y penser
« sérieusement, afin de ne pas anticiper le mal. Tous
« mes regards, au contraire, vont se tourner du
« côté de la Savoie. J'espère bientôt obtenir un
« congé qui me permettra de me rendre auprès de
« vous et de reprendre, pour un temps assez long,
« toutes mes habitudes de famille. Je ne vous dis
« pas combien je suis heureux de cet espoir. Si je
« voulais vous en parler, je resterais certainement
« au-dessous de la vérité. »

Pendant un congé que sa santé l'avait obligé de
prendre et qu'il passait à son cher Thorens, il écrivait
à la même personne : « Je suis ici depuis le 16 juillet
« 1832. J'y ai repris tout de suite mes habitudes
« de campagne, comme si je ne m'en étais jamais

« séparé. Ma vie naturelle serait d'être campagnard
« à Thorens. Lorsque je fais autre chose ailleurs,
« c'est uniquement pour obéir. »

Une grande catastrophe se prépare dans les desseins de Dieu, qui avait à punir les fautes commises contre son Église : le colosse qui étendait son bras sur le monde et qui tenait l'Europe sous son pied va être renversé par un de ces coups que les hommes et les peuples subissent, mais que Dieu ne leur permet pas de porter, dans la crainte que l'orgueil ne les invite à se confier en eux-mêmes. Du Kremlin, d'où il dictait la loi, Bonaparte ordonne à son million de soldats de reprendre le chemin de la France, et cette armée qui, comme un vaste ouragan, renversait tout sur son passage, cette armée qui ne pouvait être vaincue que par Dieu, va, par ses ordres, entrer dans une longue agonie et se mourir lentement dans sa course à travers les lieux qui naguère avaient été marqués par ses triomphes.

Les bataillons du Nord s'ébranlent pour venir à la conquête du Midi ; le chemin de la France leur est indiqué par les canons, les fusils abandonnés, les drapeaux que tiennent encore des mains glacées et par les cadavres de deux générations arrachées au sol de la patrie pour aller, au prix de leur sang, soutenir la gloire d'un héros.

A mesure que les armées de la Russie s'avancent, elles se grossissent des peuples que la victoire avait attachés à la fortune de la France et que les revers lui enlevèrent.

A cette époque, on assiste à l'un des plus beaux spectacles que l'histoire puisse fournir : c'est le réveil des nationalités. Ces hommes du Nord, qui autrefois venaient en conquérants, ne viennent aujourd'hui qu'en libérateurs. Le sentiment du patriotisme qu'ils exaltent dans les populations leur donne une force immense. Un souffle d'indépendance les précède et leur prépare les voies. Cette armée qui, quelques jours auparavant, était une armée russe, est devenue, avant d'être aux frontières de la France, une armée d'alliés. Elle n'avait pas encore mis le pied sur le sol de Savoie, que le général de Sonnaz, ancien serviteur du roi, alors retiré à Thonon, appelle autour de lui dans la province du Chablais les débris des anciens régiments de Savoie, engage ce qui reste encore d'une jeunesse chaque année appelée sous les drapeaux de l'empire, reçoit tous ceux que l'espérance d'une restauration avait ramenés dans leurs foyers, forme quelques compagnies, les habille à ses frais, et avec elles marche à côté des vainqueurs, afin de faire valoir les droits de la Savoie et ceux de son ancien souverain. Par eux, le roi Victor-Emmanuel, qui n'avait pas encore quitté son île, était entré, sans le savoir peut-être, dans la grande coalition des princes de l'Europe unis pour renverser le géant.

II.

Ce que fait le comte de Sales pour la restauration de la Savoie.

Le comte de Sales, qui avait jusque-là concentré dans la vallée de Thorens le sentiment de sa nationalité, ne pouvait rester indifférent aux événements qui se passaient. Le patriotisme, se dilatant dans son cœur, lui fait concevoir l'espérance d'un meilleur avenir pour sa patrie. Aussitôt que le Piémont est abandonné par les troupes de l'empire, il s'arrache à ses chères prairies de Thorens, passe les Alpes, et va offrir ses conseils, son concours et même sa fortune à ceux qui, comme lui, voulaient la restauration de la patrie.

En Piémont, comme en Savoie, on pense à reformer l'armée, et M. de Sales, dont les goûts étaient essentiellement militaires, demande à en faire partie. Sorti de la maison militaire du roi avec le titre de premier page et de secrétaire intime, il avait droit au grade de capitaine; il n'en voulut pas d'autre. C'est le 4 juin 1814 qu'il entre comme capitaine dans un régiment de cavalerie. Quelle que soit d'ailleurs sa position, il ne cessera pas d'appartenir à l'armée.

Ceci exige une courte explication. Aujourd'hui qu'il nous a été donné de vivre sous un gouvernement d'avocats, il y a dans l'histoire du passé des choses que nous avons quelque peine à comprendre.

Le gouvernement des princes de Savoie fut, de temps immémorial, un gouvernement militaire. Dès lors la carrière militaire fut, sans contredit, la plus honorée. C'était la carrière des princes, celle des hommes de cour, celle de la noblesse et de ceux qui voulaient y parvenir. On suivait sa carrière dans l'école des pages, qui n'était en réalité qu'une école militaire, d'où l'on sortait avec le grade d'officier, et celui de capitaine quand on était parvenu à être premier page du roi. On suivait encore sa carrière dans les ministères et dans les ambassades. Le comte de Sales, qui est entré dans la diplomatie ayant le grade de capitaine, en est sorti avec celui de lieutenant général.

Réorganiser un royaume, créer une armée, former des administrations, établir une magistrature, n'était pas une chose facile après les ravages et les divisions laissés sur le terrain par le passage d'une révolution et les perturbations d'une occupation étrangère qui avait duré plus de vingt ans.

On cherchait des hommes capables, et M. de Sales fut placé à l'état-major général avec son grade de capitaine de cavalerie, et bientôt avec celui de major. Voici ce qu'il écrit lui-même de Turin, le 14 août 1814 :

« J'espère, mon cher ami, que vous aurez appris
« avec quelque satisfaction l'empressement que j'ai
« mis à me prêter à ce que l'on a voulu faire de moi.
« Me voilà maintenant régulièrement au travail pen-
« dant dix heures par jour. Je ne regrette ni cette
« fatigue, ni les privations qu'elle m'impose. Je
« fais aussi volontiers le sacrifice de mes intérêts et
« de mes affections en prolongeant mon éloigne-
« ment de ma famille, dans le seul espoir d'être de
« quelque utilité à mon pays. Ce n'est pas que je
« me laisse flatter à cet égard, ni que je me livre
« avec présomption aux attraits de la fortune; je
« vous prie de croire que je ne suis point encore
« gâté à ce point : seulement je pense qu'il m'est per-
« mis d'avoir l'espérance de rendre quelques services
« en étant fidèle au poste que l'on m'a assigné. »

Il ne dut pas rester longtemps dans cette position, qui était plus conforme à ses inclinations que toutes celles qui lui furent imposées par la suite; mais il était dévoué, et quand on lui proposait quelque chose d'utile à son pays, il ne délibérait pas, il agissait.

Le roi Victor-Emmanuel quitte la Sardaigne et rentre à Turin le 20 du mois de mai 1814.

Les souverains signent à Paris un traité qui coupe en deux parties le duché de Savoie, le berceau de la dynastie. Ces deux parties, qui, pendant huit siècles, n'avaient formé qu'un seul corps, avaient besoin l'une de l'autre et souffraient horriblement de cette séparation. De toute part s'échappent des plaintes qui allaient jusqu'au cœur du prince, mais qui devaient tarder encore d'avoir un heureux effet.
« L'on vit alors, dit un opuscule du temps, le
« spectacle le plus admirable et le plus touchant
« qu'un peuple puisse donner à l'univers, spec-
« tacle digne des éloges de tous les siècles, mais
« bien plus étonnant dans le nôtre : le spectacle
« d'une nation s'agitant de toutes parts, se dé-
« menant, pour ainsi dire, en tous sens, pour
« retourner à son roi ; un peuple véritablement
« tourmenté par le besoin d'appartenir à son
« père, exprimant ce vœu, tantôt par des suppli-
« ques adressées aux puissances de qui il croyait
« que dépendait son sort ; tantôt par les cris, les
« larmes et les plaintes dont il entourait les
« personnes distinguées qui traversaient ses val-
« lées... »

Les Savoisiens, qui frappaient à toutes les portes pour obtenir de rentrer sous la domination de leurs anciens maîtres, firent une adresse à l'empereur de Russie, dans laquelle nous trouvons les passages suivants :

« Sire,

« Lorsque, après une campagne de deux années
« dont chaque pas fut un triomphe, Votre Majesté
« eut passé le Rhin et inondé la France de ses ar-
« mées victorieuses, il vous plut de déclarer solen-
« nellement vos loyales intentions pour le repos de
« l'Europe ; vous dites à vos soldats ces mots re-
« marquables que l'histoire a recueillis et qui ap-
« partiennent à l'avenir : *Que chaque État soit*
« *heureux en exerçant librement ses lois fonda-*
« *mentales !*

« Tous les peuples que la France avait envahis
« pour les soumettre à sa domination, tous ces peu-
« ples, Sire, dont les vœux vous appelaient, dont
« les bénédictions vous suivaient, purent espérer
« alors de voir bientôt briser leurs chaînes. Cette
« espérance n'a pas été trompée. La Belgique vient
« de renaître ; la belle Italie est délivrée ; le Piémont
« et le comté de Nice viennent d'être occupés au
« nom de Victor-Emmanuel de Savoie ; et cette
« Savoie, qui fut le berceau des augustes princes
« auxquels elle a donné son nom, la Savoie, toujours
« fidèle, la Savoie seule voit ses destinées incertaines
« et tremble pour l'avenir… !

« Plus de quatre cent mille Savoyards déposent
« leurs vœux unanimes au pied du trône de Votre
« Majesté, de ce trône qui brille de tant de gloire,

« que tant d'hommages environnent, où se rattachent
« tant de souvenirs et d'espérances ! Qu'il soit béni
« cet Alexandre qui sauva les nations et les rois, qui
« fut le génie du bien, le héros des temps modernes!
« Les peuples, Sire, vous honorent du titre de bien-
« aimé, les soldats vous appellent grand, l'Europe
« entière vous a salué du nom de magnanime, qu'il
« soit permis à la Savoie de vous appeler son bien-
« faiteur ! »

Les dames de Savoie ne voulurent pas rester en arrière ; elles écrivirent une lettre à S. A. R. la duchesse d'Angoulême pour la prier d'user de son influence auprès de S. M. Louis XVIII en faveur de la Savoie : « Nous vous en conjurons, disaient-
« elles, nous vous en conjurons, Madame ; ayez pitié
« des angoisses où nous plonge le terrible arrêt qui
« nous rend orphelins. Dites à ce grand roi, qui de-
« puis vingt-deux ans essuie vos larmes, de vouloir
« bien aussi tarir les nôtres. Ah ! si la nature nous
« eût faits ses sujets, son règne serait pour nous
« l'âge d'or, et la France n'aurait aucune province
« qui pût rivaliser d'amour avec la nôtre. Mais huit
« siècles de bienfaits ont enraciné dans nos cœurs,
« pour nos princes, des sentiments ineffaçables.
« Rien ne soutenait notre courage, au milieu de la
« tourmente révolutionnaire, que l'espoir de les re-
« voir un jour, et, dans les dernières calamités que
« la guerre vient de faire peser sur nous, un cri uni-

« versel adoucissait toutes les peines, payait tous
« les sacrifices ; ce cri était : Nous aurons notre bon
« roi !... »

Ceux même qui, à cette époque, se trouvaient éloignés de la Savoie étaient attristés par la pensée que leur pays était sacrifié à de pures convenances. Le comte de Maistre, alors à Saint-Pétersbourg, écrivait, en parlant de la première restauration : « Cette résurrection générale, qui a relevé tant de « monde, m'enfonce plus profondément dans l'a- « bîme. Ma malheureuse patrie est dépecée et per- « due. Je demeure au milieu du monde, et même, « dans un certain sens, sans souverain. Étranger à « la France, étranger à la Savoie, étranger au Pié- « mont, j'ignore mon sort futur. » (*Lettres inédites*, t. Ier, pag. 182.)

A peu près vers la même époque, il écrivait à M. de Blacas : « Quand je dis que je ne tiens à au- « cun pays, cela s'entend du moment présent ; car « l'état actuel de ma petite patrie n'est pas durable : « où elle vous appartiendra toute par quelque moyen « possible, c'est-à-dire juste, ou elle reviendra toute « à son antique maître. » (*Ibid.*, pag. 185.)

En 1815, il écrivait à M. de Saint-Marsan, l'un des ministres de S. M. le roi de Sardaigne à Vienne : « Au milieu de la fermentation générale, je désire- « rais bien vivement que mes compatriotes plus « proprement dits recueillissent le fruit de vos sages

« négociations, et qu'ils pussent être tous séparés
« de la France : il vaut un peu mieux être au bord
« du volcan que d'être dedans ; mais qui sait encore
« ce qu'il en sera? Si mes vœux se trouvaient rem-
« plis, la Savoie ne saurait trop estimer ce qu'elle
« devrait à Votre Excellence. » (*Ibid.*, pag. 196.)

M. de Maistre revient sans cesse sur ce sujet, et si tous les Savoisiens n'exprimaient pas comme lui le sentiment de leur patriotisme, tous le sentaient et l'exprimaient à leur manière.

A peine le malheureux traité de Paris du 30 mai est-il connu à Turin, que les gentilshommes savoisiens et tous les personnages distingués qui étaient accourus auprès du roi, et qui se trouvaient alors dans cette capitale, se réunissent et délibèrent entre eux sur les mesures à prendre pour réclamer contre un partage qui faisait de leur pays l'appoint d'un marché politique. Le marquis Henri de Costa, chef de l'état-major général, est chargé de rédiger une adresse aux souverains alliés, et sur-le-champ deux députés savoisiens sont choisis pour aller la porter à ces souverains. M. de Sales et M. le comte de Villette formaient cette première députation. « Des Savoyards dévoués, dit un petit ouvrage de
« cette époque, étaient accourus à Paris plaider la
« cause de notre patrie ; nos vœux et leur zèle ser-
« virent seuls de titre à leur mission, et si elle ne
« fut pas alors couronnée de succès, elle fit du moins

« connaître nos regrets et apprécier notre fidélité.
« La juste reconnaissance de leurs compatriotes se
« rattachera toujours au souvenir de cette noble dé-
« marche, qui d'ailleurs eut l'avantage de préparer
« les esprits, et de rendre moins difficile notre res-
« tauration dans l'avenir. Ah! pourrions-nous sur-
« tout jamais oublier le noble dévouement de ce gé-
« néreux Savoyard (M. de Sales) qui, volant de
« Turin à Paris, de Paris à Londres, de Londres à
« Vienne, fit partout connaître son nom et ses vertus;
« qui, s'attachant au sort de la Savoie, ne voulait
« mettre de terme à ses fatigues que lorsque la Pro-
« vidence en aurait mis un à notre division; qui,
« plus tard, sut montrer sur le champ de bataille, à
« côté du vainqueur de Waterloo, que son sang ne
« lui coûtait pas plus que ses travaux quand il
« s'agissait de servir son roi et de sauver sa patrie. »
(*Relation des fêtes des* 16 *et* 17 *décembre* 1815, p. 16.)

Arrivés à Paris, les deux zélés Savoisiens passent la Manche pour aller faire entendre dans le cabinet de Saint-James les plaintes et les désirs de la Savoie; ils en repartirent satisfaits des espérances qu'on leur donnait.

Afin de faire mieux comprendre aux ministres d'Angleterre les suites fâcheuses qu'entraînait à sa suite le funeste traité du 30 mai 1814, les deux envoyés dressèrent une carte de la Savoie, la firent graver et mettre sous les yeux de ceux qu'ils vou-

laient convaincre. Ils en envoyèrent quelques exemplaires à S. M. Victor-Emmanuel, qui, en écrivant au marquis de Saint-Marsan, s'exprimait ainsi :
« Nous avons aussi reçu des exemplaires de la carte
« de Savoie dressée à Londres par les soins du comte
« de Villette et du chevalier de Sales. Il vous sera
« certainement utile d'avoir pu causer avec ce der-
« nier, qui a donné des preuves distinguées de son
« zèle, de son attachement et de son dévouement
« pour nous et pour sa patrie. »

C'est à Vienne que se trouvaient réunis les princes alliés et leurs ministres. Nos Savoisiens y coururent, et ne quittèrent plus qu'ils n'eussent obtenu des espérances fondées de voir se rétablir l'intégrité de la Savoie. Il n'y avait encore que des espérances quand le comte de Villette fut obligé de repartir. M. de Sales céda aux instances du marquis de Saint-Marsan, qui le retint et en écrivit au roi en lui disant : « J'ai retenu le chevalier de Sales, qui
« peut m'être fort utile si la discussion sur la Savoie
« vient à s'ouvrir. »

Cette discussion pouvait en effet s'ouvrir, mais ne pouvait aboutir encore. On comprend, en effet, que le traité de Paris, du 30 mai, signé par le roi de France, ne pouvait être modifié par la seule volonté des princes alliés, et que le consentement de la France était nécessaire pour la restitution des provinces qui lui avaient été cédées.

Afin de donner à sa cause des appuis plus prépondérants, M. de Sales se fit présenter à l'empereur d'Autriche par le comte Rossi, notre ministre à Vienne. Là, le patriote savoisien développa ses raisons avec tant d'âme et tant de lucidité, que l'empereur en parut saisi. Comme s'il avait senti le besoin de décliner toute participation à un acte dont il comprenait l'injustice, il répondit qu'il n'avait jamais pris part à ce démembrement, qu'il s'y était au contraire opposé de toutes ses forces; qu'il croyait que les Savoyards étaient toujours attachés à leur roi, et seraient au désespoir de passer sous une domination étrangère.

Le comte de Sales, profitant de ces bonnes paroles, ajouta qu'elles suffisaient pour faire concevoir à tous les Savoisiens de légitimes espérances pour la rétrocession de la Savoie occidentale à son souverain. L'empereur le congédia en lui disant que, quant à lui, il ferait certainement tout son possible pour y parvenir.

Tous ces détails sont contenus dans une dépêche du comte de Rossi du 24 octobre 1814.

Le comte de Sales poursuivit ses démarches, et, sans pouvoir immédiatement obtenir ce qu'il demandait, il agit avec tant de sagesse et de sagacité qu'il parvint, avec le secours de M. de Saint-Marsan, à engager la parole des puissances. Il fit insérer dans l'acte du 26 mars 1815 les paroles suivantes:

« Les souverains alliés s'engagent à employer encore
« leur médiation et les moyens qu'ils jugeront les
« plus convenables pour engager la France à rendre
« à S. M. le roi de Sardaigne au moins une partie
« du territoire qu'elle possède maintenant en Savoie.»
(*Collection des traités.*)

Pour ne pas abandonner ce sujet, qu'il nous soit permis d'anticiper sur les événements pour montrer toute la part que prit le comte de Sales au rétablissement de la Savoie.

Tout ce qui avait été fait ayant été de nouveau mis en doute par la guerre qui suivit les cent-jours, les Savoisiens recommencèrent à agir pour obtenir ce qu'ils appelaient leur *délivrance*. Vingt mille pères de famille, situés sur la partie de Savoie qui avait été cédée à la France, signèrent une pétition qui fut portée, en 1815, aux princes étrangers et au roi de France, après son retour à Paris, pour leur demander la faveur de rentrer sous la domination de leur légitime souverain. Cette députation était composée de M. l'abbé Thiollaz, du chevalier de Maistre et du comte Hippolyte de Sonnaz, qui furent bientôt suivis du marquis d'Oncieux et du marquis Victor de Costa.

Le comte de Sales, qui, à cette époque, se trouvait à Paris, continua d'user de son influence pour seconder les vœux de ses compatriotes, si conformes aux siens. La pétition fut mise sous les yeux de

Louis XVIII, et ce prince, à qui l'on restituait le plus beau royaume de l'Europe, dut consentir à ce que l'on rendît au roi de Sardaigne la moitié d'une province qu'on lui avait enlevée. Le traité de Paris du 20 novembre 1815 porta que les limites entre la France et la Savoie seront désormais ce qu'elles étaient avant 1790. Quelques minutes après cette décision, le comte de Sales était en route pour aller à franc étrier porter cette nouvelle à la Savoie, où elle fut reçue avec un indicible bonheur. Il conserva le souvenir de ce jour, et le compta comme l'un des plus beaux de sa vie.

Après ce voyage, le comte de Sales dut retourner à Vienne; car, dans un rapport du marquis de Saint-Marsan, du 18 mars 1815, nous trouvons ces paroles : « J'espère que le chevalier de Sales ne tar-
« dera pas à m'apporter les ordres de Votre Majesté
« relativement à l'affaire de Genève. »

En recevant la nouvelle de la restitution de la Savoie, M. le comte de Maistre écrivait de Saint-Pétersbourg : J'envie à mon frère les sensations
« qu'il a dû éprouver en rentrant à Chambéry.
« Avouez, monsieur le comte, que nos quatre dé-
« putés n'ont pas été tout à fait des poltrons dans
« cette occasion, et qu'ils ont joué gaiement une ter-
« rible carte. S'ils ne l'avaient pas gagnée, ils n'a-
« vaient qu'à vendre leurs biens et à sortir de leur
« pays, car la place n'était plus tenable. Enfin, tout

« est allé à souhait, n'en parlons plus. » (*Lettres inédites*, p. 240.)

Pour montrer que le comte de Sales eut la plus grande part dans l'heureux succès de cette entreprise, et dans un événement qui était si important pour la Savoie, nous citerons les paroles que nous trouvons consignées dans le brevet royal qui lui confère la médaille mauricienne : c'est un témoignage officiel de sa coopération : « En lui accordant (au comte
« de Sales) cette nouvelle distinction, pour recon-
« naître la fidélité avec laquelle il a servi pendant
« de longues années sous nos drapeaux, nous ai-
« mons aussi à reconnaître le zèle si éclairé dont il
« a donné d'éclatantes preuves dans les fonctions
« diplomatiques, et dans les missions aussi difficiles
« qu'importantes qui lui ont été confiées. C'est en-
« core avec un véritable plaisir que nous voulons
« rappeler ici l'empressement qu'il mit à se trans-
« porter à Paris, afin de nous faire rendre une por-
« tion si chère de notre héritage. »

III.

Le comte de Sales près des armées alliées.

La guerre venait de finir : le conquérant était enfermé dans l'île d'Elbe, les princes réunis à Vienne disposaient du butin de la victoire, plaçaient des limites entre les États et jetaient les bases d'une paix qu'ils regardaient comme solide, quand un événement qu'ils auraient pu croire impossible vint tout à coup troubler leur sécurité. Le lion que l'on avait cru pour le reste de ses jours enchaîné sur les rochers de l'île d'Elbe, rompit ses entraves, et vint presque sans obstacle replacer son drapeau sur les Tuileries.

Les puissances, qui avaient eu à peine le temps de poser les armes, les reprirent subitement pour forcer la France à l'exécution des traités. Il n'y eut qu'une voix pour conclure à la guerre.

L'histoire ne fournit pas d'exemple d'une coalition aussi complète, aussi rapidement formée et aussi fidèlement exécutée dans ses conditions, que celle qui fut conclue entre tous les peuples de l'Europe contre Napoléon et son armée.

S. M. le roi Victor-Emmanuel, qui avait profité des premiers moments de son retour dans ses États pour créer et organiser son armée, entra aussi dans la coalition. Par une convention signée à Bruxelles le 2 mai 1815, entre les plénipotentiaires Wellington, pour l'Angleterre, et Saint-Martin d'Aglié pour le roi de Sardaigne, celui-ci promit de fournir aux alliés une armée de quinze mille hommes, et cette armée fut mise sous les ordres du général de Latour.

Pour s'assurer de la fidélité à remplir les conditions de l'alliance, chaque nation avait un commissaire au quartier général de l'armée coalisée. Le roi Victor-Emmanuel s'y fit représenter par le comte de Sales. Il eût été difficile à ce prince si plein de sagesse de choisir un homme plus digne de sa confiance, plus capable de soutenir ses intérêts et de défendre ses droits.

Non content de remplir les fonctions qui lui étaient assignées, le comte de Sales voulut, comme militaire, prendre part aux opérations de l'armée et faire la campagne comme soldat ; il se trouva dans toutes les actions. Wellington le vit, conçut une grande estime pour lui, et s'en servit comme de l'un de ses aides de camp.

C'est dans la bataille de Waterloo surtout que se montra l'officier de l'armée sarde. Cette circonstance étant la seule peut-être où il ait eu l'occasion de faire ressortir ses inclinations et ses dispositions militaires, nous croyons devoir rapporter ici tout ce qui nous est resté de lui sur cette fameuse journée, au risque même de nous répéter.

Un officier anglais, M. W. Siborne, devant publier une histoire de la campagne de 1815, demandait à M. de Sales quelques éclaircissements sur la bataille de Waterloo ; celui-ci répondit de Thorens, le 18 décembre 1842 :

« Je reçois la lettre que vous m'avez fait l'hon-
« neur de m'adresser de Dublin le 6 de ce mois, et
« dans laquelle vous faites appel à mes souvenirs,
« sur une circonstance qui doit s'être passée à la
« bataille de Waterloo.

« Dans cette mémorable journée, j'ai eu l'hon-
« neur d'être constamment à la suite du duc de
« Wellington. Vers la fin du jour, à l'époque indi-
« quée dans votre lettre, je me suis trouvé seul à
« l'accompagner pendant une demi-heure. C'est alors
« que j'ai dû dire à un officier qui m'interrogeait que
« je ne savais pas l'anglais ; mais je ne me rappelle
« point ce qu'il souhaitait connaître, ni au nom de
« qui il faisait ce message. Je puis seulement rap-
« porter, en confirmation de ce que vous semblez
« vouloir établir, que le duc de Wellington se trou-
« vait vers les postes les plus avancés de son armée
« au moment où il a donné l'ordre d'attaquer et où
« les corps se sont portés en avant. Ce mouvement

« s'est fait si promptement et s'est accompli avec
« tant d'ardeur, le duc étant toujours des premiers,
« qu'arrivés sur l'emplacement que venaient d'aban-
« donner les troupes françaises, il me donna l'or-
« dre d'aller faire cesser le feu d'une batterie prus-
« sienne qui continuait de lancer les boulets dans
« cette direction, sans s'apercevoir que ces boulets
« tombaient alors sur les troupes anglaises. »

S. M. le roi Victor-Emmanuel, désirant avoir une décoration spécialement réservée aux faits militaires, institua l'Ordre militaire de Savoie, par un décret daté de Gênes le 14 août 1815. L'une des conditions essentielles pour en obtenir les insignes était d'avoir, dans une action militaire, fait plus que son devoir et d'en produire le témoignage par ses compagnons d'armes. M. de Sales, qui avait, pour ainsi dire, commencé sa carrière militaire à la bataille de Waterloo, crut avoir mérité cette distinction, et il la demanda. Il dut, pour cela, dresser lui-même un rapport de tout ce qu'il avait fait dans cette mémorable journée, et c'est ce rapport que nous allons reproduire.

« Me trouvant placé, l'année dernière, au quartier
« général du duc de Wellington, par les ordres de
« mes supérieurs, mais sans avoir reçu aucune ins-
« truction sur la conduite militaire que je devais
« y tenir, je n'ai pu être guidé, dans le service
« que j'ai fait auprès du duc pendant la bataille

« de Waterloo, que par l'empressement volon-
« taire qui m'a fait rechercher les plus grands dan-
« gers, afin de soutenir, au milieu d'une armée
« étrangère, l'ancienne réputation de bravoure qui
« a toujours distingué les officiers de l'armée pié-
« montaise.

« Dès le commencement de la bataille, je me suis
« trouvé auprès du duc de Wellington et l'ai cons-
« tamment suivi comme un de ses aides de camp.

« Vers deux heures après midi, mon cheval fut
« blessé par une balle qu'il reçut à l'extrémité du
« col, près de la tête. Quoique j'eusse deux chevaux
« de relais un peu en arrière du camp, je ne voulus
« pas m'y porter pour changer de cheval, et quitter
« le champ de bataille dans un moment aussi im-
« portant et qui devint toujours plus dangereux.

« A cinq heures et demie du soir, les forces de
« mon cheval étant presque entièrement épuisées,
« je me décidai à aller au village de Waterloo pour
« en prendre un autre. Je prévins les généraux Pozzo
« di Borgo et Bec du motif de l'absence que j'al-
« lais faire. Dans moins de trois quarts d'heure je
« fus de retour, malgré les obstacles que j'eus à sur-
« monter pour parcourir deux fois une route déjà
« remplie de fuyards et de bagages en désordre. De
« retour auprès du général Wellington, je m'attachai
« plus particulièrement à le servir, parce que pres-
« que tout le monde avait disparu autour de lui. Au

« moment où j'arrivai, il ne lui restait que quatre de
« ses aides de camp et le capitaine Minnisier. Peu
« après, les aides de camp furent envoyés auprès
« des chasseurs du colonel Bing, et dès ce moment
« je demeurai seul avec le duc.

« Je reçus presque aussitôt l'ordre d'aller auprès
« d'une division belge qui avait rompu ses rangs
« pour marcher plus rapidement sur les pas des co-
« lonnes françaises, qui se retiraient après leur der-
« nière attaque.

« Après m'être acquitté de ma commission auprès
« du commandant, je revins auprès du duc et me
« trouvai encore seul à le suivre.

« Quelques moments plus tard, il me renvoya
« vers une batterie prussienne qui était placée sur
« la gauche de l'armée anglaise, et qui, trompée par
« l'obscurité de la nuit et parce qu'elle ignorait le
« mouvement que cette armée venait de faire en
« avant, continuait à tirer dans la même direction,
« comme si les troupes françaises eussent encore
« été sur l'emplacement qu'elles avaient occupé.

« Le duc s'y trouvait déjà lui-même avec les
« troupes qui l'entouraient. Voyant le danger, il
« m'envoya auprès de cette batterie pour en faire
« cesser le feu. J'y courus de toute la vitesse de
« mon cheval, je remplis ma commission et déter-
« minai le commandant de cette batterie à porter
« ses pièces en avant pour suivre le mouvement

« d'attaque que venait d'exécuter l'armée anglaise.
« Je revins ensuite près du duc, et je continuai à
« l'accompagner jusqu'à onze heures du soir.

« Le témoignage qu'a bien voulu me rendre le
« duc de Wellington sur la conduite que j'ai tenue
« dans cette journée, les déclarations que m'ont éga-
« lement accordées le général Alava, le baron de
« Vincent, le général Pozzo di Borgo, le général
« Muffling et le général Bude, qui ont tous été pré-
« sents à cette action, attestent la vérité de ce rap-
« port, et pourront en même temps donner la mesure
« du dévouement que j'ai montré dans une affaire
« aussi importante et dans laquelle j'ai obtenu l'a-
« vantage d'être remarqué par les personnages dis-
« tingués qui se trouvaient auprès du duc de Wel-
« lington.

« Paris, le 20 mai 1816. »

C'est pour cette même action que le comte de Sales reçut du roi de France la croix de Saint-Louis.
En lui annonçant cette faveur, le duc de Feltre, ministre de la guerre, lui écrit la lettre suivante « : M. le
« comte, je m'empresse de vous annoncer que le roi
« vous a nommé chevalier de Saint-Louis par ordon-
« nance du 19 octobre 1816, en récompense de
« la conduite que vous avez tenue à l'armée des
« alliés, et particulièrement à la bataille de Water-
« loo... etc. »

Le comte de Sales fut un de ceux qui reçurent la médaille de Waterloo ; mais regardant comme acquis à son pays l'honneur qu'il s'était fait dans cette journée, il voulut que le monument qui en rappelait le souvenir fût déposé dans les archives du roi, et c'est là qu'il se trouve actuellement.

Le brevet royal qui lui confère la médaille mauricienne contient sur ce sujet la phrase suivante : « Élevé
« dès 1815 au grade de major de cavalerie, il fut
« envoyé avec l'honorable et délicate mission de com-
« missaire royal au camp de Waterloo, et s'y con-
« duisit avec tant de valeur et une prudence si con-
« sommée, qu'il mérita de recevoir la médaille d'or
« destinée à redire aux siècles à venir la grande vic-
« toire remportée dans ce lieu par les armées
« alliées. »

Nous ne voulons pas terminer cet article sans raconter une circonstance dont on ne suspectera pas la véracité quand on saura que nous la tenons de M. de Sales lui-même. Au moment le plus fort de la mêlée, pendant que tous les aides de camp étaient allés porter des ordres sur les différents points du champ de bataille et que le comte de Sales était seul auprès du général, celui-ci, admirant l'impassibilité du militaire savoisien, lui dit : « Avez-vous ja-
« mais assisté à une si chaude action ? — Général,
« c'est la première fois. — On ne le dirait pas ! »

Plus tard le duc de Wellington, se trouvant aux

Tuileries dans une salle de réception remplie de monde, aperçut le comte de Sales; aussitôt, fendant la foule, il alla à lui, et en lui serrant la main il lui dit : « Vous souvient-il?.... Nous étions ensemble « dans la mêlée, et nous en sommes sortis presque « seuls sans blessures ! »

C'est le 18 juin 1815 qu'avait lieu la bataille de Waterloo; le lendemain, le comte de Sales en fait une relation qui nous reste entièrement écrite de sa main et que nous croyons devoir transcrire ici.

« Bruxelles, 19 juin 1815.

« Les Prussiens, ayant été attaqués le 15 de ce « mois par les Français, ont été obligés de se reti- « rer et d'abandonner Charleroi. Le lendemain 16, « le duc de Wellington avait réuni sur la route de « Namur une partie de ses troupes, afin de marcher « au secours des Prussiens, lorsqu'il a été attaqué « dans la position appelée les *Quatre-Bras*, en « avant de Jemmapes. Ses troupes ont fait une vi- « goureuse résistance et n'ont pas abandonné le « terrain.

« Toutes les dispositions étaient prises dans l'ar- « mée anglaise pour attaquer avant-hier 17, quand « le duc fut informé que la veille, pendant qu'il « combattait pour se soutenir dans sa position, les « Prussiens, vivement attaqués, avaient éprouvé un « échec et s'étaient retirés. Par suite de ce mouve-

« rétrograde, que les Prussiens continuèrent pendant
« toute la journée du 17, le duc fut obligé de faire
« replier son armée, afin de maintenir ses commu-
« nications. Il porta le même jour ses forces à deux
« lieues en arrière et du côté de Waterloo, sur la
« route de Bruxelles, qu'il couvrait entièrement.

« Hier matin toutes les dispositions ont été pri-
« ses pour défendre cette ligne, qui présentait quel-
« ques avantages par la forme du terrain.

« Le duc, n'ayant qu'une armée de quarante-cinq
« à cinquante mille hommes, avait disposé ses
« troupes sur une hauteur qui traversait le chemin
« par lequel il s'était retiré et qui s'étendait égale-
« ment à droite et à gauche. Au bas de cette hauteur,
« sur la route de Charleroi, se trouvait une vaste
« ferme qui avait été disposée de manière à pouvoir
« s'y maintenir. A l'extrémité de l'aile droite, et
« un peu en avant, se trouvait également une
« maison entourée d'un jardin clos de murs, d'un
« verger et d'un bosquet très-touffu. Cette position
« fut jugée très-importante, et le duc prit ses mesu-
« res pour en rester maître.

« Plusieurs batteries furent disposées sur la ligne :
« des corps d'infanterie en garnissaient les inter-
« valles. En arrière, et sur la pente qui n'était pas
« visible à l'ennemi, étaient placés des bataillons
« formés séparément en carrés. Ils étaient soutenus
« par la cavalerie, qui formait la troisième ligne.

« La première et la seconde réserve se trouvaient
« à quelque distance et parallèlement à cette dis-
« position.

« L'armée française s'avançait en couvrant toutes
« les hauteurs qui étaient en face et sur la droite
« de l'armée anglaise. Elle était composée de qua-
« tre corps de vingt à vingt-cinq mille hommes de
« la garde; c'est Bonaparte lui-même qui la com-
« mandait. Elle commença un peu avant midi une
« attaque très-vive sur la ferme de la droite. Les
« troupes de Nassau, qui défendaient les alentours
« de cette position, en furent chassées. Le duc y cou-
« rut tout de suite pour y rétablir l'ordre. Il fit avan-
« cer trois compagnies d'un régiment anglais qui
« occupèrent de nouveau le terrain, qui ne fut plus
« abandonné, quoique l'attaque eût continué toute
« la journée sur ce point et que la maison eût été
« incendiée.

« Pendant ce temps, un feu général s'était établi.
« Les batteries françaises paraissaient beaucoup plus
« nombreuses, et, à la faveur de cet avantage, l'at-
« taque se porta particulièrement sur le centre. L'in-
« fanterie française marchait sur deux colonnes, sou-
« tenue à droite et à gauche par la cavalerie. La
« ferme qui était sur le chemin fut emportée ; mais
« l'ennemi ne put pas s'établir plus avant. Les char-
« ges de la cavalerie française n'ont jamais pu ébran-
« ler un seul bataillon anglais. Parvenue une fois sur

« l'emplacement d'une batterie, elle en a occupé le
« terrain pendant quelques instants, et bientôt elle
« en a été chassée avec beaucoup de perte. Pen-
« dant cette attaque, les canonniers anglais se sont
« couchés sous leurs pièces pour ne pas les aban-
« donner, et aussitôt qu'ils ont été dégagés, ils en
« ont repris le service.

« Bonaparte a cherché à tourner l'aile droite en
« portant sur ce point un corps de cavalerie que
« l'on a estimé devoir s'élever à douze mille hommes ;
« mais les charges de la cavalerie anglaise ont rendu
« cette tentative inutile.

« Trois fois le centre de l'armée a été fortement
« attaqué par des troupes plus nombreuses qui mon-
« traient beaucoup de courage et même d'acharne-
« ment, et qui semblaient marcher à un succès as-
« suré ; mais aucun des efforts de l'ennemi n'a
« pu réussir à s'emparer d'une seule partie des po-
« sitions que le duc voulait défendre.

« Il y avait plus de sept heures que le combat
« durait quand on s'est aperçu de l'arrivée de l'ar-
« mée prussienne, forte de cinquante-six mille
« hommes, se joignant à la gauche de l'armée an-
« glaise ; ils ont de suite attaqué le flanc droit de
« l'armée française.

« Bonaparte, voulant faire un dernier mouvement
« dans l'espoir de décider la victoire en sa faveur
« avant d'être engagé avec l'armée prussienne, fait

« faire une nouvelle charge sur le centre de l'ar-
« mée anglaise. La cavalerie de la garde marche la
« première; l'infanterie, formée derrière, devait pro-
« fiter des avantages que la cavalerie pourrait obte-
« nir et s'établir sur le terrain qui serait conquis.
« Cette charge a été faite avec fureur : on dit que le
« maréchal Ney la commandait en personne ; mais
« rien n'a pu intimider la bravoure de l'armée an-
« glaise: elle a résisté à cette dernière attaque comme
« elle avait fait à toutes les autres. La cavalerie
« française, repoussée d'abord par les baïonnettes
« et ensuite poursuivie par la cavalerie anglaise,
« a causé, en se retirant, beaucoup de désordre
« parmi l'infanterie. Il était alors sept heures et
« demie.

« Le duc s'est aperçu de ce mouvement; il a de
« suite ordonné à un régiment des gardes et au ré-
« giment des chasseurs du colonel Bing de se porter
« rapidement en avant et de s'emparer de la maison
« placée sur le chemin et dans laquelle les Français
« s'étaient établis. Ce mouvement a été exécuté si
« promptement et avec tant de hardiesse, qu'il a
« occasionné un ébranlement général sur toute la
« ligne; toutes les troupes ont voulu charger à la
« fois. Infanterie, cavalerie, tout s'est précipité sur
« le front de l'armée française, qui n'a plus opposé
« qu'une faible résistance et s'est mise à fuir dans
« le plus grand désordre, abandonnant tous ses ca-

« nons, les uns sur l'emplacement des batteries,
« d'autres attelés et abandonnés un peu plus loin, et
« le plus grand nombre entassés sur le chemin de
« Charleroi, où ils avaient été dirigés pour commen-
« cer la retraite, et où on les avait laissés en cou-
« pant les traits des attelages pour sauver les che-
« vaux.

« Cette brusque attaque fut faite si précipitamment
« et les troupes anglaises arrivèrent si vite sur le
« terrain qu'occupait l'armée française, qu'une bat-
« terie prussienne qui tirait dans cette direction n'a-
« vait pas eu le temps de s'apercevoir de ce chan-
« gement et continuait son feu, de sorte que le duc
« fut obligé d'y envoyer un officier pour le faire
« cesser.

« Dès ce moment, les troupes n'eurent plus à
« combattre. Elles poursuivaient sans relâche les
« débris de l'armée française, et le duc lui-même fut
« pendant cinq quarts d'heure à cette poursuite
« confondu pêle-mêle avec ses troupes.

« En revenant à son quartier général de Wa-
« terloo, il rencontra le maréchal Blücher avec le
« général Gneisenau ; il embrassa le maréchal, et lui
« fit dire par le général Gneisenau qu'il était bien
« reconnaissant de l'assistance qu'il lui avait donnée
« dans la journée. Ils se promirent de poursuivre
« leurs succès et de ne donner aucun repos aux
« troupes françaises.

« Le maréchal dit qu'il allait faire continuer la
« marche de ses troupes toute la nuit, et que, si un
« bataillon venait à s'arrêter, il le ferait casser le
« lendemain. Le duc lui dit que son armée avait
« besoin d'un peu de repos; mais qu'à la pointe du
« jour elle se mettrait en marche par le chemin de
« Nivelles, laissant la grande route de Charleroi libre
« pour le passage de l'armée prussienne. Il était
« onze heures du soir quand le duc rentra à Wa-
« terloo. »

IV.

Le comte de Sales dans la diplomatie.

Si la guerre avait dû continuer, ou seulement s'il y avait eu des apparences d'une guerre prochaine, le comte de Sales n'aurait pas consenti à quitter l'armée pour entrer dans une carrière où le militaire ne pouvait plus être pour lui qu'un accessoire ; mais tout présageait la longue paix dont a joui l'Europe depuis 1815. Le conquérant, tombé dans les mains de l'Angleterre, allait subir sur le rocher de Sainte-Hélène un repos auquel il n'aurait pas librement consenti ; les peuples fatigués soupiraient après une tranquillité qui leur était refusée depuis plus de trente ans ; les nombreux traités signés par les princes semblaient ne laisser aucune place à des difficultés nouvelles : les rois avaient donné à leur alliance un caractère religieux destiné à la garantir contre les dangers de l'ambition. Le comte de Sales avait obtenu la presque assurance que la Savoie serait rétablie dans son intégrité ; la paix avait mis fin à l'honorable commission qu'il avait dû remplir auprès des armées alliées ; il attendait à Paris de connaître la volonté de son roi, et bientôt il apprit qu'il était attaché à la légation sarde à Paris, en qualité de secrétaire d'ambassade. C'est M. le marquis Alfiéri de Sostaigne qui, à cette époque, représentait le roi de Sardaigne auprès de S. M. le roi très-chrétien. Ces deux hommes étaient faits pour se convenir, et le comte de Sales conçut bientôt pour le marquis Alfiéri une affection, une confiance qui ne firent que s'accroître jusqu'au moment où cet homme de bien fut enlevé à sa famille, à son roi et à son pays.

Pourtant il avait bien de la peine à s'attacher à ce genre d'occupation et à s'y fixer. Au 3 juin 1816, il écrivit à son ami de Chambéry : « En m'occupant
« des autres à bonnes intentions, j'espère que Dieu
« daignera s'occuper de moi, et qu'il ne voudra
« pas me laisser trop longtemps dans une position
« si contraire à mes affections. Je dois vous avouer
« à cet égard que je ne puis en aucune façon pré-
« voir ce qui peut m'arriver, et que je suis comme
« un vaisseau lancé sans voiles et sans rames en
« pleine mer, ne pouvant aborder que là où Dieu
« me conduira. Si la carrière que je suis en ce mo-
« ment était de ma convenance et que je voulusse
« la poursuivre, elle pourrait bientôt me fournir
« un poste principal qui me permettrait de me réu-
« nir à la personne qui aurait quelque raison de
« se plaindre de moi à Chambéry ; mais il m'est

« impossible de désirer que cette destination m'ar-
« rive, et pourtant je ne puis rester longtemps
« comme je suis..... Vous voyez, mon cher ami,
« que je suis parfaitement dans la situation où Dieu
« veut que soit un bon chrétien ; je n'ai ni volonté ni
« prévoyance, ma confiance est toute en lui. Priez-
« le donc pour qu'il me soutienne autant que j'en
« ai besoin et que je sois toujours prêt à faire ce
« qu'il demandera de moi.

« Adieu ; souvenez-vous de moi, et dites-le-moi
« quelquefois. »

Quelles que puissent être ses hésitations et ses répugnances, le comte de Sales ne sera plus désormais employé que dans la diplomatie. Cet homme, plus noble encore par son caractère que par son origine, a été deviné par Victor-Emmanuel et par M. de Vallaise, son ministre. Ils ont compris qu'avec un nom, un esprit élevé, un extérieur distingué, le gentilhomme savoisien saurait, sans même le vouloir, sans se plier à cette finesse dont il ne se pique pas, sans s'abaisser à des roueries qu'il méprise, se faire une place convenable parmi les hommes célèbres qui seraient appelés à représenter les princes de l'Europe.

En entrant dans cette épineuse carrière, M. de Sales ne s'abandonnait pas à une vaine présomption. En recevant sa première mission, il répondait à M. le comte de Vallaise, ministre des affaires

étrangères : « J'ai reçu les instructions que renfer-
« mait le paquet que m'adresse Votre Excellence ;
« elles m'ont fait sentir toute l'importance de la
« mission dont je vais être chargé, et combien il
« pourrait être téméraire de ma part d'oser l'ac-
« cepter avec des moyens aussi faibles que ceux que
« je puis présenter pour m'acquitter comme je le
« dois des obligations qui me sont imposées. Les
« secours que j'espère trouver dans l'indulgence et
« les bontés de Votre Excellence peuvent seuls
« m'encourager et me décider à entreprendre avec
« un peu de confiance la carrière difficile que je
« vais parcourir et à laquelle rien ne m'avait en-
« core préparé. Cependant je serais sans crainte si
« une bonne volonté à toute épreuve, un dévoue-
« ment absolu, pouvaient me rendre capable de servir
« mon souverain partout où il lui plaira de m'ap-
« peler. Je prie Votre Excellence de ne pas perdre
« de vue que j'aurais besoin d'être dirigé par ses
« conseils, d'être averti des choses qui pourraient
« échapper à mon inexpérience, ou que je ne sau-
« rais pas conduire avec l'habileté qui n'appartient
« qu'au talent. »

V.

Le comte de Sales dans les Pays-Bas.

En 1816, M. le marquis de Saint-Thomas, qui avait été nommé ministre plénipotentiaire auprès de S. M. le roi des Pays-Bas, ne pouvant se rendre immédiatement à ce poste, M. de Sales y fut envoyé. Voici la lettre par laquelle M. le comte de Vallaise annonce cette mission à M. le baron de Nagel, ministre des affaires étrangères à la Haye :

« Monsieur le baron,

« Votre Excellence a eu la bonté de me faire con-
« naître que S. M. des Pays-Bas a agréé qu'un
« chargé d'affaires fût employé pour maintenir avec
« elle les rapports intimes que mon auguste souve-
« rain a désiré établir..... Pour remplir ses vues,
« S. M. a fixé son choix sur M. le comte de Sales,
« chevalier de l'ordre des SS. Maurice et Lazare,
« major dans l'état-major général de son armée, et
« déjà attaché à son ambassade près S. M. très-chré-
« tienne. Il réunit à l'avantage d'une naissance il-

« lustre et aux meilleures qualités du caractère un
« dévouement à la bonne cause qui ne s'est jamais
« démenti en lui. Il a été assez heureux pour se faire
« connaître à plusieurs personnes des plus marquan-
« tes des Pays-Bas, lorsqu'étant commissaire du roi
« près le quartier général de S. Exc. le maréchal
« Blücher, il fut témoin de la brillante valeur du
« prince royal d'Orange, qui, dans cette glorieuse
« campagne, remporta d'honorables blessures et
« cueillit d'immortels lauriers. J'aime à croire, Mon-
« sieur le baron, que pour ces motifs S. M. n'aurait
« pu choisir une personne qui pût être plus agréable
« à la cour de votre souverain. »

A peine arrivé à la Haye et à Bruxelles, M. le comte de Sales, portant sur les affaires de ce pays le coup d'œil généralisateur dont il était doué, aperçut tous les embarras que la cause de la religion devait apporter dans ce royaume. La Belgique, aussi essentiellement, aussi sincèrement catholique que la Hollande était protestante, ne pouvait ni être soumise à l'intolérance d'un gouvernement poussé par le fanatisme des sectaires disciples de Gustave-Adolphe, ni apostasier ses croyances religieuses. Dans l'acte même qui unissait sous le même joug deux peuples incapables de le supporter, il y avait une raison pour que ce joug fût brisé : il ne tarda pas à l'être.

Aujourd'hui que le nombre des catholiques est

bien moindre, les mêmes difficultés subsistent. Les fanatiques luthériens ne croient pas qu'il leur soit possible de conserver leur doctrine religieuse, si, à côté d'elle, la doctrine catholique jouit seulement de la liberté de se produire; dans cette persuasion, ils veulent interpréter la constitution de manière à garder la liberté pour eux et la tyrannie pour les catholiques. Un ministère qui avait cru à l'égalité des droits des deux confessions vient pour cela d'être renvoyé et remplacé par un autre qui semble vouloir appeler autour de lui assez d'adhérents pour persécuter sans s'exposer à tomber. Le diplomate savoisien semble avoir prévu tous ces embarras. Il écrit de Bruxelles, le 12 janvier 1817 : « Me voilà installé depuis plus
« d'un mois. J'ai tout lieu d'être satisfait de la com-
« mission qui m'y amène... Les devoirs de société
« que je dois remplir me laissent assez de temps pour
« pouvoir le plus souvent mener une vie indépen-
« dante. Faut-il vous dire que je n'en abuse pas? Je
« reste le plus que je puis chez moi..., et le plus
« grand agrément que je trouve est de ne jamais
« être fortement distrait des souvenirs qui me rap-
« pellent mes amis et mon pays. Je vous ferais souf-
« frir, si je vous racontais toutes les choses mal fai-
« tes dans celui-ci, particulièrement pour ce qui
« regarde la religion. La constitution qui régit ce pays
« ainsi que les provinces de Hollande a été faite
« avec des principes tout à fait libéraux, et dans cet

« acte important la religion catholique surtout a été
« regardée comme rien. C'est maintenant un hors-
« d'œuvre qui ne laisse pas de gêner quelquefois
« la marche du gouvernement. Dans ces cas, on ne
« prétend pas que la religion puisse jamais avoir
« raison. Le mal est encore aggravé par l'héritage
« que l'on a fait, par la mort du gouvernement im-
« périal, du concordat, des lois organiques et d'un
« ministre des cultes. Vous comprenez que ce minis-
« tre est rarement du parti des évêques, et il faut qu'il
« ait à lui seul plus d'instruction que tous les cha-
« pitres ensemble. Vous pouvez penser où tout cela
« doit aboutir, et tous les inconvénients qui en ré-
« sulteront à la longue, si l'on n'apporte aucun chan-
« gement à ce désordre... Tout ceci cependant doit
« rester entre nous; il vaut mieux ignorer les maux
« auxquels on n'est pas appelé à porter remède. »

Le comte de Sales jouissait de cette prévoyance peu commune des effets lentement produits par les petites causes. Avec ce coup d'œil d'avenir qui devrait être toujours l'apanage des hommes d'État et des législateurs, il allait au bout du siècle additionner les résultats et faire la somme de désordre, de démoralisation, ou seulement de mécontentement que doit produire une mauvaise loi. Dès 1816 il prévoyait que les mauvaises mesures prises par le gouvernement des Pays-Bas devaient produire la rébellion de 1830, tout comme il pourrait prévoir aujourd'hui que les allures d'intolérance de la Hollande vis-à-vis des catholiques produiront peu à peu la désaffection, et, quand les circonstances le permettront, le conflit.

VI.

Le comte de Sales à Berlin.

« La mission des Pays-Bas, qui semblait ne devoir être que temporaire, dura jusqu'à la fin de 1818, qu'il fut appelé à représenter son souverain auprès de la cour de Berlin. Cette nouvelle destination le jetait dans d'étranges perplexités : voici comment il en parle à son ami de Chambéry dans une lettre datée de Bruxelles, le 13 janvier 1819 :

« Je ne doute pas de la satisfaction que vous avez
« éprouvée en apprenant ma nomination ; mais je ne
« vois pas comme vous les conséquences que vous
« en tirez. Cependant, puisque Dieu m'appelle à
« cette place, je suis au moins bien aise de n'y
« arriver qu'après avoir déjà fait l'essai de mes
« forces et montrer à ceux qui sont appelés à me
« juger que je sais mettre de l'exactitude à remplir
« mes devoirs. Quant à vos prophéties, elles ne sont
« qu'un beau rêve dont vous aimez à vous bercer,
« et par attachement pour moi, et par le désir du
« bien que vous voudriez me voir faire... Ainsi, de
« grâce, mon cher ami, ne parlez plus de cela, si ce

« n'est pour ranimer mon courage ; car je ne veux
« pas vous laisser ignorer que souvent je suis bien
« abattu, bien triste de ma position. Cet éloigne-
« ment continuel de ma patrie, cet isolement où je
« suis toujours, cette incertitude, ou plutôt cette
« fausse position vis-à-vis de tout ce qui m'est cher,
« me rend la vie bien amère et me fait payer cruel-
« lement le plaisir que je puis trouver à me dire que
« je m'acquitte le mieux que je puis de mes devoirs
« envers mon pays et mon souverain. »

Les lettres par lesquelles S. M. Victor-Emmanuel accréditait le comte de Sales auprès de S. M. le roi de Prusse, contiennent les paroles suivantes :
« Voulant remplacer le comte de Castell'Alfer par un
« envoyé extraordinaire et ministre plénipotentiaire
« qui pût être également agréable à Votre Majesté,
« mon choix s'est fixé sur l'adjudant général comte
« de Sales, chevalier de l'ordre des Saints Maurice
« et Lazare, et de l'ordre militaire de Savoie, dont
« les qualités répondent dignement au nom distin-
« gué qu'il porte, et dont les services passés sont pour
« moi le sujet d'une juste satisfaction. »

Le diplomate était arrivé à Berlin dans un de ces moments qui ont une importance majeure pour la société et pour les empires. C'était une époque préparatoire, une espèce d'incubation de mouvements révolutionnaires par les sociétés secrètes.

Pendant que l'Europe était courbée sous la pesante épée de Bonaparte, il s'était formé en Allemagne et en Italie des sociétés secrètes qui avaient pour but initial de renverser le géant qui avait lui-même renversé tant de monde. Les princes favorisaient ces clandestines associations, les grands de tous les pays en faisaient partie; on les regardait comme un moyen puissant de miner un pouvoir qu'aucune force n'avait pu attaquer impunément. On ne se trompait pas. Le travail des sociétés secrètes est, pour un gouvernement, ce que sont certains petits insectes pour les vaisseaux de haut bord. L'édifice, criblé de petits trous, paraît solide à l'œil qui le contemple; mais, au moindre choc, il tombe sur lui-même et s'enfonce dans l'abîme. Il en fut ainsi de l'empire de Napoléon. Au jour où la Providence frappe celui que nul prince n'osait toucher, tous ces rois d'un jour, ces peuples mal domptés, ces nations mal unies, ces institutions nouvelles que l'on connaissait à peine, tombèrent en poussière sans trouver nulle part des affections ou seulement des habitudes pour les soutenir.

Mais ce que les princes légitimes d'Allemagne et d'Italie avaient encouragé se tourna contre eux : la puissance des sociétés secrètes une fois reconnue, on allait en user contre leur pouvoir aussi largement qu'ils l'avaient fait contre Napoléon. La jeune Allemagne, la jeune Italie, le carbonarisme de toutes les nuances, partout d'accord pour prêcher la république universelle, couvait des révolutions.

Le démocratisme organisé, dans tous les pays, en sociétés secrètes, se croyait assez fort, dès 1820, pour tenter la victoire, ou du moins s'essayer contre les gouvernements établis. Il pouvait le faire avec d'autant plus de facilité que, pour l'ordinaire, il ne s'ensuivait pour lui aucune mauvaise conséquence. On lançait quelques brûlots contre la flotte que l'on voulait détruire, et, si l'incendie ne prenait pas, on restait dans l'ombre. Les conspirateurs qui avaient l'avantage d'appartenir aux sociétés secrètes étaient partout traités avec une douceur fort encourageante.

Cependant les gouvernements germaniques commencèrent à comprendre d'où venait le danger qui les menaçait. Le 20 septembre 1819, la diète de Francfort fait quelques tentatives pour restreindre la liberté de la presse; elle établit à Mayence une commission centrale chargée de poursuivre et condamner tout individu appartenant à la confédération du Rhin et convaincu de faire partie d'une société secrète. Mais que peuvent les lois contre des ennemis que l'on ne voit nulle part et qui sont partout?

Les chefs de l'Église, qui, comme puissance morale, ont plus que tous les autres souverains le sentiment de la conservation sociale et le pressentiment des véritables dangers que courent les nations, avaient depuis longtemps signalé les sociétés secrètes comme l'ennemi le plus redoutable de l'ordre et du bonheur des peuples. Le pape Léon XII avait lancé une bulle d'excommunication contre tous les affiliés aux sociétés secrètes ; mais, par un déplorable aveuglement, les princes temporels font tout ce qu'ils peuvent pour empêcher que cette condamnation morale ne produise ses effets ; quelques-uns ne veulent pas même la laisser publier dans leurs États. Il était facile de prévoir les résultats d'une telle conduite. Les sociétés secrètes ont tout envahi, mais principalement les classes influentes. Aussitôt que quelques politiques courageux et intelligents proposent des mesures tant soit peu opposées à ce mal, des milliers de réclamations se font entendre, et le bon sens échoue contre la perversité au moins soutenue quand elle n'est pas activement aidée.

Les tentatives révolutionnaires se montraient sur différents points, mais partout avec le même caractère. L'année 1820 s'ouvre par une révolution en Espagne. Peu après, révolution à Naples, révolution en Portugal, révolution à Saint-Domingue, révolution en Piémont, en Grèce, et espoir de révolution dans tous les pays.

Les princes allemands étaient réunis à Troppau, on pensait qu'ils allaient prendre des mesures énergiques contre les fauteurs des révolutions ; un des amis de M. de Sales, lui parlant de l'influence qu'il pouvait exercer sur les résolutions à prendre, lui

conseillait de leur faire entendre sa voix ; il répondait de Berlin, le 2 décembre 1820 : « Vous avez
« voulu, mon cher ami, espérer contre toute espé-
« rance lorsque vous avez manifesté l'espoir que je
« pourrais devenir un apôtre. Bon Dieu! si vous sa-
« viez combien les choses sont peu préparées pour
« cela, vous commenceriez à vous défier de toute
« espérance trop flatteuse. Vous avez cru que les
« conférences de Troppau se termineraient par quel-
« que grand coup d'État. Eh bien ! vous avez trop
« espéré. Pour le moment, on marchera tout douce-
« ment, comme font ceux qui ne savent pas où ils
« veulent aller. Pendant cette marche douteuse, les
« événements donneront conseil ou trancheront
« eux-mêmes la difficulté. Ceci vous sera probable-
« ment expliqué par toutes les gazettes lorsque vous
« recevrez cette lettre. Cependant, en cas de retard,
« et pour ne pas vous écrire trop énigmatiquement,
« j'ajouterai que je crains qu'on ne veuille s'ac-
« commoder d'une partie des effets de la ré-
« volte plutôt que de se donner une fois la peine
« de l'anéantir. »

A ce moment la révolte ne triomphait encore que dans le midi de l'Italie ; mais le gouvernement occulte des carbonari préparait le mouvement pour les autres parties. Les mots d'ordre étaient distribués ; les chefs accouraient de partout vers les lieux qui leur étaient assignés : le parti en avait dans l'armée, dans les écoles, dans l'administration et dans les forteresses. L'agitation était grande dans toutes les provinces du Piémont, et cependant le respect pour l'autorité y était si général, que les conspirateurs se crurent obligés de mêler le nom du roi à toutes leurs tentatives. Le 9 mars, le 10 et le 11, on entendit à Tortone, à Alexandrie, à Fossano, puis à Turin, les cris de Vive le roi! vive la constitution! guerre aux Autrichiens! Ces trois mots résumaient avec une admirable précision tous les projets du carbonarisme : chasser les Autrichiens qui ne voulaient pas de constitution, se servir de la puissance royale pour obtenir une constitution, et ensuite de la constitution pour anéantir la puissance royale, voilà ce que voulaient les carbonari du Piémont.

Le 13 mars, la constitution des cortès fut publiée à Turin, et avec elle l'anarchie, la guerre civile et la guerre étrangère vinrent à la place du roi régner sur le pays pendant vingt et un jours. M. de Sales, qui avait redouté ce malheur, ne resta pas inactif; il apporta sa part d'influence dans les mesures que prirent les puissances étrangères relativement à la révolution du Piémont.

« Donnez-moi donc des détails sur ce qui se passe en
« Savoie (écrivait-il à son ami)... Les nouvelles de Tu-
« rin me viennent ici de tout côté, et par ma correspon-
« dance et par les rapports que les différents ministres

« étrangers me communiquent; mais celles dont je
« suis le plus avide, celles qui me feraient connaître
« l'état de ma patrie, vous ne m'en dites pas un mot,
« et il faut que je puise dans les *Gazettes françaises*
« ce que je puis savoir de Chambéry.

« Ce qui me console déjà, c'est que la folle entre-
« prise qui a été faite ne durera pas longtemps, et
« que, pour première punition, les auteurs seront
« honteux de leur folie. Je ne prétends point raison-
« ner avec vous sur tout cela; je suis trop loin; les
« événements, j'espère, se presseront trop vite pour
« que je puisse être à temps de vous entretenir de
« ceux qui me sont connus dans ce moment. Au
« reste, le parti que vient de prendre le prince de
« Carignan, de se réunir au comte de Latour, semble
« devoir ouvrir le dernier acte de cette tragédie.
« La pièce se terminera probablement de la seule
« manière qui pouvait nous convenir. S'il en était
« autrement, votre prévoyance serait juste : le Nord
« ne manquerait pas de tomber sur nous... A l'ins-
« tant où l'on a appris à Laybach, le 14 au ma-
« matin, les premiers événements du Piémont, les
« deux empereurs se sont réunis, et, craignant que
« ces nouvelles ne fussent le présage de plus funestes
« événements, ils ont, peu d'heures après, réuni
« leurs ministres en leur présence, et là, pour la pre-
« mière fois peut-être, on a bien compris ce que
« c'était que la révolution, c'est-à-dire les princi-

« pes qui sont la cause de toutes les révolutions
« modernes. On a connu le danger dont ces prin-
« cipes menacent les trônes. Aussi, comme dans un
« jour de péril extrême, les deux empereurs se sont
« promis une plus forte et continuelle assistance.
« Ils se sont promis de lutter dorénavant corps à
« corps contre les révolutions, et d'y employer,
« s'il le fallait, jusqu'au dernier homme de leurs
« armées.

« Dès le même jour, les ordres sont partis de Lay-
« bach pour faire marcher sur l'Italie tout ce qui
« restait de troupes autrichiennes, pour annoncer à
« toutes les armées russes de se tenir prêtes, et don-
« ner ordre à celles qui se trouvaient en Volhynie
« de se mettre à l'instant en marche à travers la
« Hongrie, et arriver en moins de trois mois dans les
« plaines de l'Italie.

« Voilà les résultats nécessaires de la conduite
« folle et ambitieuse de quelques écervelés. Il faut
« espérer qu'ils disparaîtront avant que tous les
« moyens qu'on peut leur opposer soient rassemblés.

« Veuillez m'écrire, mon cher ami, pour me dire
« ce qui se passe chez nous; citez-moi les faits ho-
« norables de notre patrie, cela me fait tant de bien !
« Je n'en jouirai pas seul. »

Si, docile à ses invitations, son correspondant lui
disait tout ce qui s'était passé en Savoie, le comte
de Sales devait être fier de son pays qu'il aimait

tant. Pendant que les Savoisiens purent croire que les institutions qu'on leur donnait avaient au moins l'assentiment de l'autorité légitime, ils se soumettaient. Sans doute, ils gémissaient des humiliations auxquelles la royauté était soumise; mais tant qu'ils croyaient l'entendre, ils obéissaient. Ils ne comprenaient pas que les agitateurs, qui déclamaient si fort contre l'étranger, voulussent imposer à leur patrie des institutions empruntées à l'étranger. Dans le bon sens si droit et si profond dont Dieu les a doués, ils se disaient : Mais pour nous plier à une constitution des Cortès, nous ne sommes ni Espagnols, ni Portugais, ni même Anglais ; nous, nous sommes Savoisiens, et Savoisiens depuis huit siècles! Cependant, le roi étant censé parler, ils se soumettaient. Quand on vint leur dire que le roi, tout aussi Savoisien qu'ils l'étaient eux-mêmes, ne voulait rien de cette humiliante imposition, ils furent dans la joie. On peut dire qu'il n'y eut alors en Savoie ni révolution ni contre-révolution.

L'ami de M. de Sales lui écrivait sous l'impression de la joie et de la confiance la plus parfaite ; mais ces sentiments n'étaient pas au même niveau dans le cœur du diplomate. Voici comment il répondait au 1er juin : « Je veux vous dire, mon cher ami, « que vous passez trop rapidement de la crainte à « l'espérance. Vous croyez déjà tenir tout ce qu'on « nous promet, et que Dieu, prodigue envers nous

« de ses bontés, va mettre un terme à toutes nos
« sottises et nous faire profiter des leçons que nos
« imprudences avaient rendues nécessaires. Il se
« peut que je me trompe et que mes pressentiments
« soient injustes; mais je ne crains pas de vous
« dire que je ne partage pas toutes vos espérances,
« et que si Dieu ne vous seconde par un second mi-
« racle, nous ne travaillerons que faiblement à notre
« tranquillité. Ce qui se passe depuis six semaines
« m'en donne l'appréhension. Je n'aime rien de ce
« qui est provisoire dans les choses qui doivent
« être décisives; c'est prolonger une situation qui ne
« détermine rien, qui ne met personne à sa place,
« qui n'intimide pas assez les uns et ne donne pas
« assez de confiance aux autres. Enfin, je voudrais
« que l'on reconnût les fautes qui ont été faites et
« que l'on montrât hautement que l'on ne veut pas
« les répéter.

« Pour ma part, je ne suis pas en arrière de les
« avoir signalées. Eh bien ! on vous répond que l'on
« est satisfait de votre zèle et de vos sages avis;
« puis, le lendemain, on fait comme la veille, et
« l'on finit par ne rien faire. Je tremble que la leçon
« ne se perde sans profit; du moins, je n'espère
« rien avant d'avoir vu de nouveaux faits, car je ne
« suis pas de ceux qui se laissent séduire par des
« apparences et qui comptent trop sur ce que l'on
« nomme les bonnes intentions.

« Enfin, nous verrons. Continuez à me commu-
« niquer vos idées. J'ai besoin de renseignements
« sur notre Savoie ; si vous m'en fournissez, je ne
« les laisserai pas inutiles.

« Ne croyez rien du tout sur ce qu'on vous dira
« pour vous inspirer des craintes sur les projets des
« Autrichiens contre nous. Ce qui se fait pour notre
« sûreté est garanti par la Russie et par la Prusse,
« sous l'expresse condition qu'il ne sera rien attenté
« contre notre intégrité et notre indépendance. Fai-
« tes seulement des vœux pour que Charles-Félix
« aille à Turin au plus tôt ; qu'il s'entoure de bons
« ministres, et qu'il mette plus d'importance dans le
« choix d'un intendant que dans celui même d'un
« diplomate.

« A présent, il faut qu'il se ferme chez lui, et
« qu'il s'occupe exclusivement de sa famille. Ce
« n'est pas dans dix ans qu'il pourra être, aux yeux
« des étrangers, ce que son frère était il y a trois
« mois. »

Afin de mieux faire connaître quelle était l'opinion du diplomate savoisien au sujet de la tentative
de 1821, laquelle n'a réussi qu'en 1848, nous citerons encore le jugement qu'il porte sur un ouvrage
qui en faisait l'apologie. Voici ce qu'il écrit à son
ami le 1er décembre : « Je vous remercie de ce que
« vous me dites ; c'est un vrai besoin de mon cœur
« de ne pas rester étranger à ce qui se passe dans

« ma patrie, et parmi les choses marquantes qui
« m'intéressent, tout ce qui se rattache aux mal-
« heurs que nous avons dernièrement éprouvés
« acquiert un intérêt de plus, et m'occupe comme
« si j'étais sur les lieux pour en subir l'influence.

« Je venais de vous lire, quand m'est arrivée une
« brochure qui est une vraie apologie des malheurs
« dont vous condamnez les principes. Vous êtes
« venu à propos, comme si j'avais eu besoin de
« prendre du contre-poison pour neutraliser le venin
« que j'avais laissé pénétrer dans mes entrailles. Il
« s'en faut cependant bien que ce livre eût pû me
« pervertir. Il suffit de le lire avec un sens un peu
« droit pour être épouvanté de ce qu'il contient,
« et reconnaître quel renversement d'idées, quelle
« absence totale de principes il doit y avoir dans ce-
« lui qui a pu le faire. Il se fait gloire de ce qui de-
« vrait le couvrir de honte à ses propres yeux. Il
« est fier du mal qu'il a fait; loin de ressentir au-
« cun remords ni aucun repentir, il est glorieux d'a-
« voir osé entreprendre ce qui ne devait ni ne pou-
« vait réussir, et qui a amené sur notre patrie un
« déluge de maux dont nous ne verrons peut-être
« pas la fin, malgré les bonnes intentions de notre
« roi. » On croit que l'auteur de ce livre est M. de S. R.

Les deux missions confiées à M. le comte de
Sales à la Haye et à Berlin ne devaient pas être sans
fruit pour les catholiques de ces deux pays. La Hol-

lande comptait alors près de cinq millions de catholiques et la Prusse sept. Or, en Hollande comme en Prusse, les intérêts religieux de cette portion de la nation étaient souvent froissés. Il eût été difficile qu'il en fût autrement : les majorités sont portées à abuser de leurs forces et à la prendre pour un droit. La loi était sans doute égale pour tous ; mais les princes, les ministres, les grands étaient protestants, et tous ensemble, même sans se concerter et souvent sans le vouloir, faisaient pencher la balance de leur côté. A la Haye comme à Berlin, le gouvernement faisait des efforts pour se soumettre les affaires religieuses des catholiques au même degré que leur étaient soumises les choses religieuses de leurs sujets protestants. Ils ne voulaient point tenir compte de la différence énorme que, dans l'application, les deux croyances portent avec elles. Le souverain d'une nation protestante est en même temps pontife et roi. Il tient un sceptre à double face, et dominant en même temps la vérité morale et la vérité matérielle, il fait la loi religieuse et la loi civile. Il agit comme si toute puissance lui avait été donnée sur la terre et dans les cieux. Ainsi la reine d'Angleterre peut, au même instant, décider que le baptême n'est pas nécessaire pour faire le chrétien, et que sa flotte doit être augmentée de trente vaisseaux.

Le souverain d'une nation catholique est roi pour les choses du temps, qui varient avec les temps, avec les positions, les climats et vingt autres circonstances; mais les choses spirituelles qui sont les mêmes pour tous les hommes et pour tous les siècles, elles dépendent de cette infaillible autorité à qui Dieu a dit : Enseignez les nations, annoncez l'Évangile par toute la terre, paissez mes brebis, etc., etc.

Le protestant appartient corps et âme à son prince: le catholique ne doit au prince que les prestations de la vie sociale; mais, pour la vie spirituelle, il en puise les éléments dans une autorité qui n'est pas de ce monde.

Les conséquences de cette diversité de foi sont immenses; elles sont telles, qu'il est presque impossible que le même joug soit imposé à deux populations dont l'une est catholique et l'autre est protestante, sans qu'elles soient toutes les deux condamnées à être plus ou moins malheureuses. Cette union est une véritable déclaration de guerre perpétuelle. Voyez l'Irlande, la Belgique avant 1830, la Prusse et la Suisse. La liberté religieuse entière, complète, égale pour les deux confessions, est sans doute possible; mais elle est peu probable, et surtout peu durable. Si le roi des Pays-Bas veut dominer la conscience de ses sujets catholiques comme il domine celle de ses sujets protestants, il sera obligé de recourir à la force, à la violence, et dès lors sera justement considéré comme un tyran. Si le roi de Prusse veut soumettre les évêques à bénir les mariages mixtes sans les soumettre aux conditions exigées par l'Église catholique, il sera obligé de descendre à la persécution, d'effrayer les consciences et de se rendre odieux à une moitié de son peuple. Voilà ce qui est arrivé, et ce qui arrivera toujours dans les mêmes conditions.

Il eût été difficile à un petit-neveu de saint François de Sales de rester indifférent au milieu de cette fermentation religieuse dont il voyait des symptômes de toute part. Nous ne savons pas tout ce qu'il fit en faveur de l'Église; mais avec son attachement à sa foi, sa fidélité à en remplir les obligations, sa présence toute seule eût été une prédication catholique quand ses paroles ne seraient pas venues s'y adjoindre. Dès son arrivée dans les Pays-Bas, il demandait à M. de Vallaise, le ministre des affaires étrangères de son pays, de lui envoyer une copie des patentes royales qui avaient, dès les premiers jours de la restauration, étendu les prérogatives des protestants des vallées de Pignerol, afin de montrer aux souverains protestants que le roi de Sardaigne non-seulement ne se mêlait point du culte ni des croyances des sujets protestants, mais encore qu'il leur venait en aide pour payer leurs ministres et approuver toutes les acquisitions qu'ils avaient pu faire pendant l'occupation française.

C'est pendant que M. de Sales était dans les Pays-Bas que le gouvernement de Berlin fit empri-

sonner l'archevêque de Cologne. Il est facile d'apprécier la peine que dut causer, à son cœur si parfaitement chrétien, un événement aussi impolitique qu'il était contraire aux lois de la justice, par quelques paroles qu'il laisse échapper en écrivant à son ami. « Pour les affaires de notre pays, il ne faut pas
« en parler; il semble que tout y va fort mal. Il faut
« cependant bien se garder d'attribuer à de perfides
« calculs toutes les fautes qui se font.

« L'ignorance et l'insouciance sont presque par-
« tout responsables de la moitié des fautes du monde.

« Je ne vous parlerais pas de même si j'avais à
« vous rendre raison de ce que l'on se permet dans
« d'autres pays, où l'on va jusqu'à citer et poursui-
« vre les évêques comme des malfaiteurs. Pour vous
« expliquer une pareille mesure, il faudrait dire des
« choses qu'on n'aime pas confier à la poste. »

A l'époque où M. de Sales arrive à Berlin, l'archevêque de Cologne était en prison pour avoir été fidèle à sa foi; le roi Frédéric-Guillaume III, qui conduisait le protestantisme par des ordonnances, ne comprenait sans doute pas que la conscience des catholiques dût être autrement traitée que celle des protestants. Ce prince, usant du droit de libre examen, s'était fait une religion mitoyenne entre le luthéranisme, le calvinisme et le catholicisme, qu'il voulait, comme pontife suprême, imposer à tous ses sujets. Comme ce prince était extrêmement attaché à ses idées, il n'était possible ni de le détourner de ses projets, ni de lui inspirer des sentiments de tolérance. Son règne dut se passer sans apporter la fin de l'espèce de persécution qu'il exerçait contre les catholiques dans la personne de leurs évêques. Nous ne pensons pas que les officieuses représentations de M. de Sales aient produit aucun effet.

Mais à côté du trône grandit en science et en sagesse un jeune prince à qui se rattachent les espérances de tous les partis. Le prince royal, qui s'était fait honneur dans les guerres contre la France, était doué des qualités les plus brillantes. Aimé des soldats, chéri des universitaires, justement considéré des hommes de science, estimé dans le monde autant qu'à la cour, l'héritier du trône semblait montrer à l'Allemagne un avenir dont elle était fière.

Un prince aussi bien doué ne pouvait échapper à l'affection de M. le comte de Sales, si bien fait pour apprécier dans les autres les nobles qualités qui se trouvaient dans son propre cœur. Il vit le prince, le fréquenta et l'aima. Sur une âme aussi droite, sur un esprit aussi éclairé, les hautes et religieuses pensées du diplomate savoisien ne devaient pas rester sans influence.

Quand le prince royal fut roi, sans produire une réaction qui ne pouvait convenir à son caractère, sans porter contre les actes de son illustre père une condamnation qui ne pouvait convenir au respect filial dont son cœur était pénétré, il trouva moyen d'ouvrir les prisons qui renfermaient les évêques, et de rassurer la conscience des catholiques, ses plus fidèles sujets.

M. de Sales avait pour le roi de Prusse Frédéric-Guillaume IV une affection qui dépassait peut-être celle que les simples particuliers peuvent avoir pour les princes. Qu'il nous soit permis de raconter ici ce que nous l'avons entendu dire à ce sujet.

Désirant savoir de quelle manière serait reçue une communication que nous avions le désir de faire parvenir à ce souverain, que nous considérions comme la clef de voûte de l'édifice protestant de l'Europe, nous demandâmes conseil à M. de Sales. Voici à peu près dans les mêmes expressions ce qu'il nous dit : « J'ai eu l'honneur de connaître et « surtout de beaucoup apprécier S. M. le roi de « Prusse avant qu'il fût sur le trône, et je suis bien « certain qu'il est encore aujourd'hui ce qu'il était « alors. Homme d'étude, de savoir, et surtout homme « de sens, Frédéric-Guillaume, s'il n'était ni prince « ni roi, serait encore un homme distingué dans « quelque position qu'il fût placé. Des hautes études « philosophiques, pour lesquelles il avait un goût « très-décidé, il a passé au christianisme et est de-« venu protestant de conviction. Prévoyant pour « son pays les dangers d'une philosophie qui aboutit « toujours et comme nécessairement à l'abandon de

« toute foi, il veut une religion d'État, dominée par
« une autorité qui puisse retenir dans de justes li-
« mites le libre examen du protestantisme, l'em-
« pêcher de conduire au philosophisme, et, par une
« pente irrésistible, à la négation de toute vérité ré-
« vélée. Dans l'ordre religieux comme dans l'ordre
« civil, il veut une autorité. Sous ce rapport, le roi
« de Prusse est catholique ; sous tous les autres, il
« est protestant ; mais, quelque attaché qu'il soit à sa
« religion, il y a dans son âme tant de droiture,
« tant de justice, que les catholiques n'auront jamais
« rien à redouter de lui. »

Voilà ce que nous disait le comte de Sales en 1845 ; mais il le disait avec une affection qui n'est pas facile à rendre.

En 1848, le comte de Sales, triste, déçu, malade, ayant acquis, sur les sociétés secrètes, des convictions auxquelles il avait longtemps résisté, nous parlait des scènes horribles de la révolution de Berlin. En faisant allusion à la cruauté avec laquelle les révolutionnaires triomphants avaient traité le roi, il se contentait de répéter : « Un si bon prince !.. » Sa voix suffoquée ne pouvait achever, et de grosses larmes tombaient de ses yeux !..

Nous voudrions bien que cette page, que nous avons extraite de nos souvenirs, pût quelque jour tomber sous les yeux de Frédéric-Guillaume IV; elle lui donnerait une jouissance que les rois sont condamnés à n'avoir pas souvent : celle d'acquérir la certitude qu'il avait eu un ami sincère.

Les lettres de rappel adressées par S. M. le roi Charles-Félix à S. M. le roi de Prusse contiennent le passage suivant : « Les besoins de mon service m'ayant
« déterminé à destiner à ma légation de Saint-Pé-
« tersbourg le comte de Sales, qui a résidé pendant
« quelques années près de Votre Majesté avec le ca-
« ractère de mon envoyé extraordinaire et ministre
« plénipotentiaire, je me suis immédiatement occupé
« à lui donner un successeur qui, par ses qualités,
« soit propre à mériter les bontés dont j'espère
« qu'elle voudra l'honorer. Celles que Votre Majesté
« a daigné témoigner au comte de Sales, durant tout
« le cours de sa mission, sont un des plus beaux
« titres qu'il puisse jamais avoir à ma faveur, et
« ajoutent beaucoup à la satisfaction que j'ai de la
« manière dont il n'a cessé de me servir... »

VII.

Le comte de Sales à Saint-Pétersbourg.

En annonçant au comte de Sales sa nomination à l'ambassade de Saint-Pétersbourg, S. Exc. le ministre des affaires étrangères lui dit, en date du 22 juin 1825 : « Vous savez, Monsieur le comte, quelle est « la confiance que le roi a placée en vous et combien « votre nomination a été agréée à Saint-Péters- « bourg. La réputation bien méritée, qui vous y « précède, de sagesse, de savoir, et d'un inébran- « lable dévouement à la personne et à la maison de « votre souverain, vous assurent l'accueil le plus « flatteur de la part de l'empereur Alexandre et de « son auguste famille; ce qui vous donnera de « grandes facilités pour remplir selon le désir du « roi votre importante mission. D'ailleurs, les succès « qui ont couronné vos démarches pendant votre « légation en Prusse me sont un sûr garant de ceux « que vous obtiendrez en Russie. »

Après la mort de l'empereur Alexandre, le roi Charles-Félix confirma les pouvoirs du comte de Sales, et lui confia l'honorable mission de compli-

menter S. M. l'empereur Nicolas sur son avénement au trône. Dans sa lettre du 15 février 1826, S. M. s'exprime ainsi : « Nous avons pris la détermination
« de confier au comte de Sales, notre envoyé extra-
« ordinaire et ministre plénipotentiaire près Votre
« Majesté, la mission spéciale de la complimenter
« en notre nom sur son avénement au trône de toutes
« les Russies. Les expressions pleines de bonté dont
« nous savons déjà qu'il a plu à Votre Majesté d'ho-
« norer le comte de Sales nous font espérer qu'elle
« agréera le choix que nous avons fait de lui, et que
« même elle verra avec satisfaction qu'en cela
« notre dessein est aussi de donner à un si bon et si
« loyal serviteur de la maison de Savoie un té-
« moignage particulier de notre royale faveur. »

A la fin du mois d'août 1825, le comte de Sales partait d'Annecy pour se rendre à Saint-Pétersbourg en qualité d'envoyé extraordinaire et ministre plénipotentiaire auprès de S. M. l'empereur de toutes les Russies. Là, comme ailleurs, il sut se concilier l'estime et la confiance de tous ceux avec qui sa position l'appelait à traiter. Arrivé à Saint-Pétersbourg, peu de jours avant l'élévation au trône de l'empereur Nicolas, il fut témoin de la révolte qui se manifesta dans cette ville le 26 décembre de la même année. Pendant que dura cette émeute toute militaire, il ne quitta pas les cours du palais qui étaient jonchées de cadavres, et où l'ordre ne s'établit que quand l'empereur lui-même vint se montrer aux rebelles et les atterrer par sa présence. Le sang-froid du diplomate savoisien plut à l'empereur Nicolas comme il avait plu à Wellington, et de ce moment il lui témoigna toujours une grande bienveillance.

Voici ce qu'il écrivait sur cet événement le 6 février 1826 : « Ma lettre sera courte; vous me le par-
« donnerez en vous rappelant que mon amitié vous
« est acquise pour toute ma vie. Ce n'eût pas été vous
« promettre grand'chose, si les projets des révolu-
« tionnaires avaient réussi. Dans ce cas, il y aurait
« eu ici, en particulier, un tel désordre que tout au-
« rait été possible ; les étrangers auraient très-pro-
« bablement été sacrifiés. Mais nous ne nous en dou-
« tions pas quand l'affaire a commencé; jusque-là
« elle avait été tenue dans un secret impénétrable.
« Elle ne s'est montrée, au premier moment, que
« comme une étourderie d'écoliers. Aussi, j'ai été
« pendant longtemps sur la place en face des re-
« belles, sans me douter qu'au nombre des officiers
« qui commandaient cette troupe, il y en avait qui
« s'étaient chargés du rôle d'assassiner la famille
« impériale. Ce serait peu croyable si, dans ce pays,
« ces rôles n'avaient pas souvent été remplis, et si
« l'impunité n'avait pas encouragé de tels forfaits.
« Les conjurés s'étaient d'abord mis d'accord sur ce
« point, se réservant de s'entendre plus tard sur ce
« qu'ils auraient à faire après la destruction de tout

« ce qui existe. Heureusement Dieu avait marqué
« leur chute et assuré le salut de ce pays, en lui
« donnant le souverain qui a pris les rênes de l'em-
« pire. Je ne vous parlerai de moi que pour vous
« dire que je suis assez bien, mais que je souhaite
« que le temps passe vite, pour finir plus tôt ma tâche
« dans ce pays. »

Cependant la position de M. de Sales, au milieu des schismatiques russes, était plus difficile qu'elle ne l'avait été au milieu des protestants. Ici, il était souvent appelé à figurer dans les cérémonies religieuses, qui, en Russie, ont une grande importance, soit parce que le peuple est généralement religieux, soit parce que la religion est devenue comme une institution de l'État, et qu'elle a l'empereur pour premier chef. M. le comte de Sales, avec sa haute intelligence, sut distinguer en lui-même le représentant d'une nation qui devait se montrer partout où se trouvait le corps diplomatique, et le chrétien à qui l'on ne peut demander aucun acte capable de blesser sa conscience ou de contredire sa foi. Au jour de la fête de l'empereur, la cour entière, les autorités et les ambassadeurs assistaient à la messe solennelle qui se célébrait pour lui. A la fin de l'office, le célébrant récitait à haute voix une prière particulière pendant laquelle tout le monde devait être à genoux. Le comte de Sales, ne voulant pas faire cet acte de foi en faveur d'un culte qui n'était point approuvé par l'Église, resta debout, au grand étonnement de tous ses confrères de la diplomatie.

Les journaux et les correspondances de l'époque ont avancé que l'empereur Nicolas, blessé par cette roideur de doctrine, avait demandé à la cour de Sardaigne le rappel de son ambassadeur. Nous ne croyons point à cette assertion. Ce prince, qui montre une si grande intelligence des choses de la société européenne, a trop de jugement pour refuser son estime à une fidélité à Dieu, le plus sûr garant de la fidélité aux hommes.

Nous avons d'ailleurs sous les yeux des preuves qui démontrent la fausseté de cette assertion. Quand le comte de Sales eut demandé et obtenu son congé, le comte de Nesselrode, ministre de Russie, lui écrivit la lettre suivante :

Saint-Pétersbourg, 24 avril 1829.

« Monsieur le comte,

« J'ai reçu la lettre que vous m'avez fait l'hon-
« neur de m'écrire en date du 27 janvier, et, con-
« formément au désir que vous avez bien voulu me
« manifester, j'en ai porté le contenu à la connais-
« sance de l'empereur, mon auguste souverain.

« S. M. impériale apprécie les sentiments qui l'ont
« dictée, et agrée avec plaisir l'expression des vœux
« que vous lui adressez. Chargé en outre de vous

« transmettre, ci-joint, un témoignage particulier
« de sa haute bienveillance, je saisis en mon parti-
« culier, avec bien de l'empressement, cette occasion
« pour vous exprimer, Monsieur le comte, combien j'ai
« été sensible à tout ce que votre lettre contient de
« personnellement obligeant pour moi. Je conser-
« verai toujours le souvenir flatteur des rapports
« dans lesquels j'ai eu l'avantage de me trouver
« avec vous durant votre séjour en Russie. Veuil-
« lez, etc. Nesselrode. »

A cette occasion, l'empereur de Russie écrivait à S. M. le roi Charles-Félix la lettre suivante :
« Nous, Nicolas Ier, par la grâce de Dieu, empe-
« reur et autocrate de toutes les Russies, etc., etc....
« Au très-haut et très-puissant prince Charles-Félix,
« par la grâce de Dieu, roi de Sardaigne, de Chy-
« pre et de Jérusalem, etc., etc., etc., notre salut
« amical.
« Très-haut et très-puissant prince, notre bon
« frère et ami, ayant reçu la lettre de Votre Majesté
« concernant le rappel du comte de Sales, qui a ré-
« sidé près de notre cour en qualité de son envoyé
« extraordinaire et ministre plénipotentiaire, nous
« nous faisons un vrai plaisir d'assurer Votre Ma-
« jesté que, pendant le temps de sa résidence, le
« comte de Sales a employé tout son zèle à fortifier
« l'amitié et l'harmonie si heureusement subsistante

« entre nous. Cette conduite, et les qualités qui le
« distinguent, lui ayant acquis des titres à notre
« bienveillance, nous croyons remplir un agréable
« devoir en le recommandant aux bonnes grâces de
« Votre Majesté. Sur ce, nous prions Dieu qu'il ait
« Votre Majesté en sa sainte garde.

« Donné à Saint-Pétersbourg, le 15 mars 1829,
« de notre règne la quatrième année,

« De Votre Majesté
« L'affectionné frère,

« *Signé* : NICOLAS.

« *Contre-signé* : Nesselrode. »

Après trois ans de séjour sous un climat trop
rigoureux pour sa santé, M. de Sales fut obligé de
demander un congé. Rien n'égale le bonheur avec
lequel il se retrouva dans sa modeste demeure de
Thorens.

Voici ce qu'il écrivait en date du 28 janvier 1828 :
« Le seul intérêt du service qui m'est confié m'a
« fait laisser de côté toutes les raisons de santé qui
« me faisaient désirer de ne pas passer ici un troi-
« sième hiver. Cette saison m'est particulièrement
« funeste, non à raison du froid, mais bien à cause
« de la chaleur excessive que l'on maintient dans
« les appartements, et aussi par l'absence de tout
« exercice. J'espère à présent qu'au printemps pro-

« chain, les circonstances me permettront de profi-
« ter de mon congé. Je m'en réjouis d'avance. J'ai
« grand besoin de respirer pendant quelque temps
« le bon air de nos montagnes, et de reprendre les
« habitudes d'une vie plus active que celle que je
« mène.... Les treize ou quatorze années que je
« viens de passer dans le monde ne m'ont point fait
« oublier les habitudes de la campagne : c'est encore
« l'existence pour laquelle je me sens le plus d'at-
« traits, celle où je me verrai de préférence, et peut-
« être la seule à laquelle je convienne bien. Pourtant
« ce que je pourrai faire pour mon souverain, je le
« ferai toujours avec dévouement et avec plaisir ;
« mais j'entrevois avec satisfaction que le temps
« peut approcher où j'aurai payé ma dette, et où
« je n'aurai plus qu'à m'occuper à bien finir mes
« derniers jours. »

Dès qu'il fut arrivé en Savoie, les médecins de
Genève l'envoyèrent aux eaux de Schenznach, d'où
il écrivait à son ami, le 23 août 1828 : « Je ne
« me flatte pas d'obtenir des prodiges et de voir
« cesser tout à coup et entièrement le mal qui m'a
« miné depuis deux ans ; mais j'espère recouvrer
« assez de force pour le combattre ensuite avec avan-
« tage.... Quoique bien soumis à ce que Dieu vou-
« dra, je lui demande pourtant cette grâce avec ins-
« tance, parce que moi aussi je voudrais pouvoir
« faire quelque bien dans ce monde, et y marquer

« la place du dernier descendant de ma famille par
« quelques œuvres dignes de son nom.

« Le pèlerinage d'Ensiedlen est trop près de moi
« pour que je quitte la Suisse sans y être allé faire
« mes dévotions. »

VIII.

Le comte de Sales à Paris.

En 1829, le comte de Sales était encore retenu en Savoie par le mauvais état de sa santé. Notre gouvernement était représenté en France par un de ces hommes qui se croyaient appelés à servir avec dévouement et désintéressement leur pays et leur prince. Cet homme était le marquis Alfiéri, sous qui M. de Sales avait commencé sa carrière diplomatique, et dont il était devenu l'ami. Cet homme de bien ayant, après de longues années passées loin de sa famille, senti le besoin de s'en rapprocher, donna sa démission, et la première pensée qui vint dans l'esprit de Charles-Félix fut de le remplacer par le comte de Sales, qui se rendit à Paris.

C'est le 30 mai 1829 que S. Exc. le comte de Latour, ministre des affaires étrangères de Turin, annonçait à M. de Sales que S. M. avait jeté les yeux sur lui pour le représenter à Paris.

Effrayé des difficultés qu'il prévoyait devoir rencontrer dans cette position, le comte de Sales répond en date du 4 juin 1829 :

« Monsieur le comte,

« Il m'eût été impossible de répondre de suite à
« l'importante communication que Votre Excellence
« m'a fait l'honneur de m'adresser par sa lettre du
« 30 mai dernier. Tant de pensées se sont à la fois
« présentées à mon esprit, qu'il m'eût été impossi-
« ble de démêler celles que je devais vous adresser.
« Aujourd'hui même que plus de vingt-quatre heu-
« res se sont écoulées, je ne sais trop que répondre.

« Cette indécision ne vient point d'un manque de
« zèle pour le service du roi; Dieu m'est témoin que
« mon dévouement pour lui ne connaît aucune
« borne; mais elle vient de la crainte que m'inspire
« l'insuffisance de mes moyens pour le poste si im-
« portant qu'il veut me confier. Cette insuffisance est
« telle dans ma conviction, que je me crois obligé,
« en conscience, de vous exposer les inconvénients
« que j'entrevois à accepter un poste que j'appré-
« hende de ne pouvoir occuper dignement. Je n'en-
« tends point parler de ma situation de fortune, qui
« est connue de S. M., et à laquelle il lui serait pos-
« sible de suppléer; mais bien du peu de moyens
« dont je suis pourvu sous le rapport de l'esprit et
« de l'instruction; ce qui pourrait me donner un
« grand désavantage au milieu d'une société aussi
« exigeante que l'est celle que je serais obligé de
« fréquenter à Paris.

« Pour que cet aveu ne puisse pas être attribué
« à un sentiment de modestie outrée et donner par
« là moins de valeur à mes observations, je dirai avec
« franchise que je ne suis pas dépourvu de moyens,
« et que lorsque je puis m'occuper d'une affaire avec
« réflexion, je la saisis ordinairement assez bien pour
« ne pas la gâter en la traitant. Mais ce mérite est
« peu de chose en comparaison de tout ce qui devrait
« l'accompagner. »

Après avoir allégué l'état de sa santé, le comte de Sales ajoute : « Dans une telle situation, serait-il
« convenable, Monsieur le comte, que j'occupasse
« un emploi que je sens ne pouvoir remplir qu'avec
« beaucoup d'infériorité, et que, pour satisfaire les
« mouvements d'amour-propre que je ne puis m'em-
« pêcher de ressentir pour l'insigne honneur que le
« roi veut bien me faire, je m'exposasse à voir souf-
« frir entre mes mains les grands intérêts qui me
« seraient confiés ?

« Telles sont, Monsieur le comte, les considéra-
« tions que j'ai cru devoir vous présenter, afin que
« Votre Excellence examine et voie s'il ne serait pas
« convenable de faire porter le choix de S. M. sur
« quelqu'un qui en serait plus digne. »

Les objections de M. de Sales ne furent pas acceptées. Le comte de Latour lui répondait, le 10 juin 1829 :

« Avant que, par la voie officielle d'usage, le mi-
« nistère français eût notifié à cette secrétairerie que

« la nomination de Votre Excellence au poste d'am-
« bassadeur à Paris était agréée par S. M. Très-Chré-
« tienne, le roi, informé d'avance que le choix qu'il
« venait de faire était particulièrement agréable à
« son auguste beau-frère, avait déjà signé les lettres qui
« vous accréditent auprès de S. M. Très-Chrétienne.
« Cette certitude des dispositions bienveillantes du
« monarque auprès duquel vous êtes destiné à résider,
« est bien faite pour vous encourager à surmonter une
« répugnance qui prend sa source dans un senti-
« ment de modestie peut-être porté un peu loin, et
« à vous faire aborder sans hésitation des difficultés
« que vous auriez pu rencontrer ailleurs qu'à Paris. »

Le comte de Sales est forcé de se rendre et d'accepter la mission qui lui est imposée. A son départ
pour sa destination nouvelle, S. M. Charles-Félix
lui remit, pour S. M. Charles X, une lettre où on lit
ce qui suit : « Au moment où je viens d'accréditer
« un nouvel ambassadeur pour être mon organe offi-
« ciel auprès de Votre Majesté, et pour travailler cons-
« tamment à maintenir et rendre de plus en plus
« amicales et intimes les relations entre nos États,
« je cède au désir de recommander personnellement
« à Votre Majesté le comte de Sales, en qui la vé-
« nération pour la maison royale de France et le zèle
« pour la cause de la souveraineté en général s'i-
« dentifient pleinement avec un long et fidèle dévoue-
« ment à la maison de Savoie... »

A Paris, le comte de Sales était dans son élément naturel. Il retrouvait à Paris de nombreuses connaissances, une cour unie à la sienne par les liens du sang, une langue qui était la sienne, un peuple catholique et un pays qui, étant sur une grande étendue en contact avec le sien, devait lui fournir de fréquentes occasions de défendre sa patrie.

Il y arrivait avec un nom qui n'était pas seulement connu, mais qui était vénéré de tout le monde. Or, la puissance d'un nom est encore, même au siècle où nous sommes, assez vivace pour produire des révolutions ou les faire échouer. Au moment où l'on s'efforçait de croire que l'esprit d'égalité avait pour jamais détruit les prérogatives de la naissance, le 2 décembre est venu prouver que la puissance d'un nom est encore plus grande que celle d'une armée. Le nom de saint François de Sales continue à grandir dans le monde chrétien, et à l'heure qu'il est, soit qu'il ait grandi en s'éloignant de son époque, ou que les autres se soient amoindris, il est devenu dans l'opinion le premier homme de son siècle et par son génie et par ses vertus. Sans trop se demander pourquoi, on aime à voir ceux qui portent le nom des de Sales, ne fût-ce que pour examiner s'ils en soutiennent l'éclat. M. le comte de Sales n'avait rien à redouter de cet examen. Pour donner une idée de l'intérêt qu'il excitait partout où il se montrait, nous citerons une lettre qu'il écrit de Vienne, le 17 février

1815. « Vous ne serez pas peu surpris, mon cher
« ami, quand je vous aurai dit que ma première
« connaissance avec toutes les dames de la Visita-
« tion de Vienne s'est faite dans un bal, et que j'y
« ai vu tout à la fois soixante religieuses et quatre-
« vingts jeunes demoiselles. Pour que vous n'ayez
« pas le temps de crier au scandale, je m'empresse
« de vous donner l'explication du phénomène.

« Le couvent de la Visitation est ici dans la plus
« grande réputation. Les jeunes demoiselles y sont
« parfaitement élevées ; quoiqu'on y en reçoive qua-
« tre-vingts, il n'y a pas de la place pour le quart de
« celles qui voudraient y entrer. On y donne toutes
« sortes de leçons, même de danse. Quand les ancien-
« nes pensionnaires qui sont établies dans le monde
« savent quelques pas nouveaux, elles viennent les
« apprendre à leurs anciennes compagnes. L'impor-
« tance que les parents donnent à cette partie de
« l'éducation a obligé les pauvres religieuses à se
« conformer à leurs désirs. Afin qu'ils puissent eux-
« mêmes juger des progrès de leurs enfants, il y a
« une fois chaque année bal au couvent.

« L'impératrice s'y rend à dix heures du matin ;
« tout le monde peut entrer avec elle, et voir dans
« une grande salle danser toutes ces demoiselles,
« même les plus petites ; on les reçoit dès l'âge de
« cinq ans. Elles ne dansent qu'entre elles, au son de
« deux pianos, en présence de l'impératrice et de la

« supérieure, qui est à côté. Vous vous imaginez
« bien que j'ai voulu me procurer le plaisir de
« voir cette fête; j'y suis entré à la suite de l'impé-
« ratrice, mais non pas comme tout à fait inconnu.
« Sans me le dire, quelques dames avaient pré-
« venu les sœurs de mon arrivée, et leur avaient
« dit qui j'étais.

« A peine ai-je été dans le cloître que j'ai été re-
« connu comme parent du saint fondateur, et telle-
« ment fêté que je n'ai plus été maître de moi. Il a
« fallu aller partout où l'on a voulu me conduire;
« j'ai dû tout voir, les dortoirs, les salles de travail,
« le réfectoire, les grandes et petites chapelles, etc.
« Ces pauvres religieuses étaient si bonnes qu'elles
« me promenaient partout. Si elles apercevaient une
« des leurs qui ne m'eût point encore vu, elles se
« mettaient à crier d'un corridor à l'autre: Ma sœur,
« venez voir! nous l'avons!... J'ai dû aller ainsi es-
« corté et accompagné de M. de Villette, qui m'a tou-
« jours suivi, dans la salle de réunion, où je me
« suis trouvé entouré de vingt-cinq religieuses qui
« parlaient toutes à la fois, et qui ont voulu que je leur
« racontasse tout ce que je pouvais savoir de plus
« qu'elles sur saint François de Sales, et surtout les
« circonstances de la translation (au sortir de la ré-
« volution française). Il a fallu s'asseoir en cercle, et,
« pour procurer à deux religieuses très-âgées le plaisir,
« disaient-elles, de me voir, on est allé les chercher,

8.

« sur des fauteuils à roulettes. Au moment où je
« sortais, il a fallu aller dans les cuisines pour me faire
« voir à toutes les servantes de la communauté.
« Comme la sœur tourrière m'accompagnait avec
« son paquet de clefs, les personnes qui voulaient
« sortir étaient obligées d'attendre, et ne compre-
« naient rien à tout cela.

« Le jour de la fête de saint François de Sales,
« j'ai été naturellement dans son église ; j'ai eu le
« bonheur d'y faire mes dévotions. Après la messe,
« j'ai déjeuné au parloir en face de la moitié de la
« communauté. Il va sans dire que l'on m'a ensuite
« régalé de bonbons et de reliques. J'ai moi-même
« pris l'engagement de procurer à ces dames quel-
« que écrit de saint François... »

Ce n'est pas sur des religieuses seulement que
s'exerçait l'ascendant du comte de Sales, il le suivait partout. M. le baron de Blonay, qui a été longtemps avec lui en qualité de conseiller d'ambassade,
en nous parlant de l'espèce de prestige qu'il exerçait,
nous disait : Quand M. de Sales arrivait dans une
réunion nombreuse, dans une fête, à son entrée, on
voyait toujours les assistants se ranger en haie sur
son passage, ou en cercle autour de lui. A quoi de-
vait-il cet hommage ? Est-ce aux pensées de vertus
qui se rattachent à son nom, est-ce à la dignité de
sa personne, à la noblesse de ses manières ou à la
beauté de sa tête blanchie ? Nous ne le savons ; mais

sans nous demander d'où venait ce sentiment de respect, nous l'avons éprouvé comme tous les autres.

La duchesse d'Orléans, Marie-Amélie, princesse de Naples, était sœur de Marie-Christine, épouse du roi Charles-Félix. Il était naturel que l'ambassadeur sarde fût reçu au Palais-Royal; mais quand l'ambassadeur n'y eût pas été parfaitement traité, le comte de Sales n'aurait pas cessé de l'être. La duchesse d'Orléans était bonne chrétienne, excellente mère de famille; elle trouvait dans le comte de Sales des vertus qu'elle savait apprécier; il fut, dès son arrivée, reçu dans l'intimité de la belle famille, et ne cessa jamais de l'être.

Nous avons sous les yeux dix-sept lettres de cette auguste princesse au comte de Sales, toutes écrites de sa main et toutes respirant ces sentiments d'estime et de douce confiance qu'il savait inspirer. Elles sont trop honorables et pour notre illustre compatriote et pour le cœur qui les a dictées pour que nous n'en citions pas quelques fragments.

Au 18 août 1830 elle écrivait du Palais-Royal :
« J'ai été très-touchée des sentiments que vous m'ex-
« primez. Je connais la délicatesse de votre position,
« et je sens tout ce qu'elle exige de vous. Je fais bien
« des vœux pour que bientôt rien ne vous empêche
« de venir de nouveau vous asseoir à ma table ronde,
« où vous pouvez être sûr d'être toujours reçu et
« apprécié comme vous méritez de l'être...

« Veuillez bien, Monsieur, recevoir l'assurance
« de tous mes sentiments pour vous.

« Votre bien affectionnée,

« Marie-Amélie. »

Le 25 octobre elle écrivait des Tuileries :

« Je suis bien peinée d'apprendre que vous êtes
« souffrant. Soignez-vous bien pendant les premiers
« froids, qui sont toujours plus dangereux. Vous sa-
« vez tout l'intérêt bien sincère que nous vous por-
« tons, le roi et moi. Je profite avec plaisir de cette
« missive pour vous renouveler l'assurance de tous
« les sentiments de

« Votre bien affectionnée,

« Marie-Amélie. »

Au 14 janvier, elle écrivait à Thorens :

« Je suis bien contente de vous savoir en meil-
« leure santé. Pour vous il n'y a pas de meilleur
« remède que le repos et la tranquillité ; mais nous
« regrettons bien que vous en ayez eu besoin.....

« J'ai le bonheur, en ce moment, de voir tout ce
« qui m'est cher en bonne et parfaite santé. Vous
« aurez partagé, j'en suis sûre, mes cruelles angois-
« ses pour l'horrible attentat du 25 du mois dernier,
« ainsi que ma profonde reconnaissance envers la
« divine Providence, qui a montré d'une manière

« si éclatante qu'elle veille sur le roi et sur mes en-
« fants. C'est cette confiance entière en cette divine
« protection qui me donne la force et le courage de
« supporter les cruelles épreuves de cette triste vie.
« Le roi me charge de vous faire tous ses compli-
« ments. Nous parlons bien souvent ensemble de
« vous, et avec les sentiments que vous méritez si
« bien.

« Votre bien affectionnée,

« Marie-Amélie. »

Au 19 novembre 1838, elle veut lui faire partager les joies de son intérieur.

« Nous sommes heureux de posséder une si char-
« mante belle-fille, qui réunit tant de jugement et
« tant de bonté, de douceur et d'amabilité. Elle fait
« le bonheur de mon fils, et par conséquent le nôtre
« à tous, et moi je l'aime comme une de mes filles.
« Ce bonheur de famille a été augmenté par la nais-
« sance de mon petit-fils, qui est beau et fort. Je
« vous remercie particulièrement de tout ce que
« vous m'avez exprimé à cette occasion..... Cet été
« j'ai eu, pendant trois jours seulement, le bonheur
« d'avoir toute ma famille autour de moi. Nous étions
« seize entre parents, enfants et petits-enfants. Mes
« deux petits-enfants belges sont charmants, et le
« petit de Vurtemberg est un enfant superbe de
« force et de beauté.

« A présent, au contraire, le roi et moi nous som-
« mes bien isolés... Le duc d'Orléans est allé visiter
« le camp d'instruction à Saint-Omer; Nemours
« commande celui de Lunéville, où il est depuis deux
« mois. Mon cher Joinville, à peine revenu de son
« long voyage sur mer, lequel avait duré un an,
« est reparti, plein de zèle et d'ardeur pour sa car-
« rière, avec l'expédition qui va demander une ré-
« paration au Mexique. Ma sœur est partie ce matin
« pour aller passer quelques jours à Randan avec
« Clémentine et mes deux fils cadets.... »

Dans une lettre du 5 janvier 1845, elle dit.... :
« Tout ce que vous me dites sur mon bien-aimé roi
« a été droit à mon cœur. Vous savez combien il
« m'est cher et précieux! Je suis si heureuse de le
« voir si bien apprécié par un esprit aussi sage et
« un cœur aussi droit que le vôtre. J'ai lu votre let-
« tre au roi : votre suffrage lui a été une consolation
« et un encouragement dont il a souvent besoin dans
« la vie laborieuse qu'il mène. Heureusement sa pré-
« cieuse santé ne s'en ressent nullement. Dieu nous
« accorde la grâce qu'il se porte à merveille! Il nous
« comble aussi de bien douces consolations dans
« l'intérieur de notre famille. Nos enfants et petits-
« enfants jouissent d'une parfaite santé. Le jour de
« l'an nous étions vingt-sept autour du roi... »

Après la mort du duc d'Orléans, elle écrivait de
Neuilly, au 31 juillet 1842: « De votre lit de douleur,

« Monsieur, vous avez senti et partagé celles d'une
« mère infortunée et de toute une famille désolée;
« que Dieu vous en récompense en augmentant les
« jouissances qu'il vous réserve dans le ciel ! Vous
« pouvez encore me donner une preuve de cet in-
« térêt que vous m'avez toujours témoigné : rappe-
« lez-vous de mon cher enfant dans vos bonnes
« prières; intercédez auprès de Dieu pour le repos
« de son âme et que je puisse le retrouver un jour
« dans le sein de la divine miséricorde. A mon tour,
« je prierai Dieu d'adoucir vos souffrances. Comp-
« tez sur tous les sentiments de votre bien affec-
« tionnée,

« Marie-Amélie. »

Comme il n'était courtisan ni de la grandeur, ni du succès, ni de la fortune, ce qu'il avait été pour la duchesse d'Orléans, pour la reine des Français, il le fut encore pour la princesse déchue, exilée sur les bords de la Tamise. Il ne cessa pas d'être en rapport avec elle. Nous citerons ici les deux dernières lettres qu'il lui adressait de sa modeste retraite de Thorens. La première est du 18 décembre 1848.

« Madame,

« J'entretiens depuis longtemps un trop vif dé-
« sir de faire parvenir quelques lignes sous les yeux
« de Votre Majesté pour que je ne profite pas de

« la circonstance du prochain renouvellement de
« l'année pour mettre à ses pieds mes hommages
« respectueux, ainsi que l'expression des sentiments
« de vénération que les épreuves auxquelles Dieu a
« voulu soumettre Votre Majesté ont plus fortement
« encore fait pénétrer dans mon cœur.

« L'événement si imprévu arrivé au commence-
« ment de l'année, en atteignant Votre Majesté, lui a
« laissé la consolante pensée que le roi, son auguste
« époux, ne l'a ni attiré ni provoqué d'aucune ma-
« nière, et que ce déplorable événement n'a été pro-
« duit que par ces principes subversifs qui domi-
« nent maintenant dans presque tous les États, et
« dont les esprits égarés ou pervers savent si ha-
« bilement se servir pour détruire tout ce qui main-
« tient l'ordre dans la société.

« Ces funestes principes, qu'on n'a pas assez su
« combattre pour en préserver notre pays, ont déjà
« totalement changé son aspect. Dans peu de mois,
« ils l'ont placé sur le bord d'un abîme où il peut à
« tout moment être englouti, à moins qu'un secours
« qui devrait presque être divin ne vienne le pré-
« server de ce malheur. Aussi c'est dans la crainte
« de voir une telle catastrophe que l'on passe main-
« tenant des jours qui naguère étaient si calmes.

« J'aime à espérer, Madame, en portant mes pen-
« sées sur Votre Majesté, que sa haute piété lui aura
« donné la force dont elle a dû avoir besoin pour

« supporter les changements si brusques et si mal-
« heureux qui ont atteint son auguste famille. Dieu,
« j'espère, aura doublé ses forces et son courage,
« pour qu'Elle puisse longtemps encore remplir la
« sublime tâche dont elle s'acquitte à l'admiration de
« tout le monde, celle d'être la consolatrice du roi,
« d'être constamment à ses côtés, comme un ange
« visible et protecteur commis à sa garde.

« Si j'osais me le permettre, j'exprimerais à Votre
« Majesté combien je serais heureux s'il m'était
« donné de voir encore un mot de son écriture,
« pour être rassuré sur sa santé, sur celle du roi et
« celle de tous ces jeunes princes que j'ai vus autre-
« fois si pleins d'espérances et constamment entou-
« rés de la sollicitude de Votre Majesté; enfin, pour
« dernier trait de bonté, pour me faire connaître si
« la reine a daigné agréer mes hommages et les faire
« agréer au roi...

« *A Sa Majesté la reine Marie-Amélie, à Clare-*
« *mont.* »

Une année plus tard, c'est-à-dire le 15 décembre 1849, M. le comte de Sales écrivait encore à la reine :

« Madame,

« J'ai été profondément touché de la bonté dont
« Votre Majesté a bien voulu user à mon égard en
« daignant tracer elle-même quelques mots dans la

« lettre dont elle m'a honoré, malgré l'état de souf-
« france où elle se trouvait alors. Je puis dire avec
« toute vérité que, dès le commencement où j'ai reçu
« cette lettre, j'attendais avec une impatience ex-
« trême l'occasion que me fournit aujourd'hui le
« renouvellement de l'année pour exprimer à Vo-
« tre Majesté mes sentiments de profonde recon-
« naissance, en même temps que je la supplie d'a-
« gréer de nouveau mes vœux et mes plus res-
« pectueux hommages.

« Je ne saurais rendre à Votre Majesté combien
« j'ai été ému en tenant entre mes mains cette
« lettre qui venait de si loin, cette lettre que j'ai
« tant désirée, et qui m'a été écrite des lieux où
« Votre Majesté passe maintenant des jours si
« éprouvés; où elle continue à remplir la mission
« providentielle qui répand sur son auguste famille,
« et particulièrement sur le roi, des consolations qui
« peuvent amoindrir à ses yeux les cruelles décep-
« tions des événements de ce monde.

« En lisant dans la lettre de Votre Majesté les
« détails du funeste accident qui a mis en péril ses
« jours précieux et ceux de quelques-uns de ses
« augustes fils, j'ai béni Dieu que cet accident n'ait
« pas eu des suites plus malheureuses. J'ai cherché en-
« suite à recueillir partout où j'ai pu ce qui pouvait
« m'apprendre les démarches de Votre Majesté, afin
« de pouvoir en induire que sa santé était rétablie.

« Si je ne savais que Votre Majesté a eu l'occa-
« sion de voir cet été la personne en qui son auguste
« sœur la reine Marie-Christine avait mis toute sa
« confiance, et que Votre Majesté a pu apprendre
« par ce moyen tout ce qui pouvait l'intéresser, je
« me plairais à lui marquer ici tous les bienfaits que
« cette auguste princesse a voulu assurer avant de
« terminer sa pieuse vie. La maison de la Visitation
« d'Annecy a été du nombre des établissements
« qu'elle a voulu encore favoriser après elle...

« Dieu, en appelant à lui cette auguste et géné-
« reuse princesse, lui a épargné la triste connais-
« sance des malheurs qui ont terminé un règne qui
« avait commencé sous de si favorables auspices, à
« la suite du gouvernement si juste et si ferme du
« roi Charles-Félix. Le jeune prince qui nous gou-
« verne aujourd'hui a reçu en héritage un pays tout
« bouleversé par de funestes doctrines et par des
« institutions brusquement établies, et qui n'ont été
« jusqu'à présent interprétées et exploitées que dans
« le sens des passions les plus perverses. Heureuse-
« ment ceux qui ont approché de ce jeune roi se
« plaisent à reconnaître la confiance que l'on peut
« avoir dans sa fermeté. Il ne demande, disent-ils,
« qu'à réparer avec prudence les maux qui ont été
« attirés sur ce pays avec tant d'inconsidération. Si
« quelques hommes de haute capacité pouvaient se
« rencontrer autour de lui, pour l'aider à diriger les

« bons élans qui l'animent, notre pays pourrait en-
« core promptement retrouver sa prospérité passée.
« Mais ici comme ailleurs ceux qui sont appelés à
« réparer les grands maux sont toujours inférieurs
« à ce qu'il faudrait être. Il est bien à craindre qu'il
« en soit longtemps ainsi, surtout tant que l'in-
« fluence de la presse sera assez puissante pour dé-
« naturer chaque chose, pour exalter continuelle-
« ment, comme elle le fait, ce qui conduit au mal et
« poursuivre de ses amères dérisions tout ce qui
« peut contenir la société humaine dans les justes
« bornes où elle doit vivre.

« J'espère que Votre Majesté me pardonnera de
« lui exposer aussi librement mes pensées; elle me
« connaît assez pour croire que ces pensées ne sont
« dictées que dans l'intérêt du bien. Elle voudra
« bien croire aussi que, si je fais des vœux pour que
« la tranquillité renaisse dans mon pays, je ne suis
« pas assez égoïste pour les borner là... »

Le moment s'approchait où le comte de Sales serait appelé à mettre dans la balance des intérêts généraux de l'Europe non pas le poids de son gouvernement, qui ne tenait que l'un des derniers rangs
parmi les nations, mais tout le poids de sa valeur
personnelle, qui était reconnue comme grande.
Pendant les temps qui venaient de s'écouler, tous
les différends qui avaient surgi entre les peuples s'é-
taient vidés par le canon : la puissance militaire avait

dicté ses arrêts, et le monde s'était soumis. Mais une époque allait arriver où la diplomatie, s'emparant du trône de la justice, ferait comparaître à sa barre tous les droits, et viderait les différends à coups de protocoles. Nous voulons parler de la révolution de 1830, qui devait, selon toutes les apparences, amener la guerre, et qui se termina dans la paix. Il est indispensable pour nous que nous disions quelque chose de ce grand événement.

Le démocratisme, organisé en sociétés secrètes, avait fait partout de nombreuses tentatives pour s'emparer du pouvoir. Il avait été vaincu et repoussé à la Rochelle, à Saumur, à Lyon, à Naples, en Espagne, en Suisse, en Allemagne et en Piémont; mais chacune de ses défaites pouvait lui être comptée pour une victoire; il était toujours plus fort le lendemain que la veille. Il avait son but à poursuivre, et une vengeance de plus à exercer. Une société occulte ne périt jamais dans une bataille : c'est un serpent qui cache sa tête et qu'on ne peut blesser qu'à la queue, et ces blessures-là ne servent qu'à mieux lui faire sentir sa vie. Le moment actuel est une preuve de cette assertion. Le démocratisme socialiste a été fortement battu après le 2 décembre. Eh bien! jamais il n'a été ni si fort ni si nombreux qu'il l'est actuellement. Vienne l'une de ces circonstances qui sont nécessaires pour faire une petite brèche à la coquille après l'incubation, et l'on pourra alors apprécier au juste l'oiseau qui sortira.

Au moment où la révolution de juillet s'est manifestée, il n'était pas facile d'en saisir l'esprit, les causes et le but; mais, à la distance où nous sommes placés, il nous est possible à nous d'embrasser l'ensemble des faits, et de voir comment ce grand événement se lie avec le passé et avec ce qui l'a suivi. La révolution de février, les innombrables tentatives de révolution qui se sont manifestées en Europe en 48 et pendant les quatre dernières années nous ont fait voir avec évidence que 1830 n'était que la continuation de 92 et 93, comme 48 ne sera que la continuation de 1830.

La révolution de 89, préparée de longue main par la franc-maçonnerie, produisit le triomphe de la bourgeoisie sur la noblesse et la royauté. Celle de 92 amena le triomphe passager du peuple sur la bourgeoisie. Depuis cette époque, c'est-à-dire depuis la chute de Babeuf et la désorganisation des faubourgs de Paris, c'est la bourgeoisie qui a repris le dessus. Dès lors aussi le démocratisme a vingt fois tenté de revenir sur l'eau, et, toujours repoussé au fond de la société, il s'y est constitué à l'état de conspiration, en attendant de meilleurs jours. De 1815 à 1830 il s'était recruté, organisé et fortifié de manière à n'attendre qu'une occasion favorable pour se montrer, et se saisir d'un pouvoir qu'il ambitionnaît depuis longtemps. Cette occasion ne se présentant pas, il la fit naître. A force d'agitations et de menaces, il obligea le gouvernement établi à prendre des mesures qui devenaient indispensables pour sa propre conservation. Les fameuses ordonnances parurent; le démocratisme, fortifié par le juste-milieu, éleva des barricades, et chassa la royauté; puis, après sa victoire, il se laissa, fort heureusement pour le monde et la civilisation, replacer sous le régime de la bourgeoisie constituée en royaume. Voilà le fait.

Mais il y avait deux manières de l'envisager, et nous doutons que l'ambassadeur sarde l'ait parfaitement jugée.

Quand Bonaparte quitta l'île d'Elbe pour rentrer en France, les puissances réunies à Vienne jugèrent le fait, le condamnèrent, et se mirent en marche pour chasser de nouveau le conquérant. Le jour de Waterloo se leva, et Bonaparte échangea l'île d'Elbe contre le rocher de Sainte-Hélène.

Ces mêmes puissances viendront-elles aussi détruire les conséquences de la révolution de juillet? C'est la question que chacun s'adresse. Certes, cet événement est d'une portée tout aussi grande que le retour de l'île d'Elbe. Un peuple aussi influent et aussi bien placé que l'est le peuple français ne peut pas tout à coup briser son passé, renier ses traditions, changer sa vie de nation, sans produire des commotions assez fortes pour déranger l'organisation de tout le corps social. Que l'on permette aux habitants de quelques îles de la Polynésie de se donner ces passe-temps, rien de plus simple ; mais il est difficile de croire que la morale politique puisse jamais admettre sérieusement le principe si hautement proclamé de la non-intervention quand il s'agira d'un peuple qui ne peut bouger sans mettre en mouvement tous les autres.

Les révolutions préparées dans les sociétés secrètes éclatent comme un coup de tonnerre ; à un mot d'ordre qui traverse l'espace comme l'éclair, une certaine nation, auparavant inconnue, semble surgir de dessous le sol et en occupe la surface, comme ces champignons qui se montrent subitement après l'orage. Quand la nouvelle de la révolution de juillet arrivait aux puissances dispersées, elle avait passé à l'état de fait accompli. Cependant il fallait savoir au moins si l'on agirait contre, si l'on approuverait ou si l'on se contenterait d'entrer dans les voies tortueuses de l'expectative, qui ne conduisent nulle part.

Les représentants des puissances étrangères s'assemblèrent pour délibérer sur l'attitude qu'elles avaient à prendre sur les grands événements qui se pressaient autour d'eux. Sans avoir tous les documents qui nous seraient nécessaires pour faire connaître le sujet et le résultat de leurs délibérations, nous dirons ce que nous avons pu recueillir; d'autres pourront compléter notre ouvrage.

Nous commençons par poser les questions que les diplomates avaient à résoudre. Au moment où les ambassadeurs délibéraient, les émeutiers triomphants étaient maîtres de la ville de Paris, les conducteurs du mouvement étaient réunis à l'hôtel de ville, et Charles X, qui se trouvait à Rambouillet, ne devait pas tarder de s'acheminer vers l'exil. Que devaient faire les ambassadeurs des puissances?... Les représentants de la Suède, celui de Naples et quelques autres répondaient : Nos lettres de créance ont été adressées au roi de France, à qui nous les avons remises; c'est auprès de lui que nous avons été envoyés; ainsi de deux choses l'une : où nos pouvoirs ont expiré avec le pouvoir auprès duquel nous étions placés, et, dans ce cas, nous n'avons qu'à nous retirer; ou ces pouvoirs existent encore, et, dans ce cas, nous devons suivre Charles X, le défendre et le soutenir de toutes nos forces.

Pozzo di Borgo, ambassadeur de Russie, répondait : Nous avons été envoyés auprès de Charles X comme vers le chef d'une grande nation ; mais, dans la réalité, nous représentons les intérêts de nos gouvernants particuliers auprès d'un autre gouvernement quelle que soit sa forme particulière. Ces intérêts pouvant être plus compromis que jamais, nous devons rester au poste, attendre et suivre les événements.

L'Angleterre, toujours prête à saluer d'un grave sourire toute révolution capable de débiliter et de ruiner la France, se rangea du côté de la Russie. Nous n'avons pas pu découvrir quel fut l'avis du diplomate savoisien dans cette délibération. Ses principes, qui nous sont si connus, nous portent à croire qu'il ne se rangea pas du côté de ces deux politiques. Nous pensons qu'il était plutôt pour l'expectative.

La question dut ensuite se poser d'une autre manière. Est-il urgent que les puissances se prononcent immédiatement par l'intermédiaire de leurs ambassadeurs sur l'événement de juillet?

Si cet événement est le résultat d'une vaste conspiration embrassant tous les États de l'Europe, une révolution qui n'a commencé à se montrer en France qu'afin d'acquérir un point d'appui pour mieux ébranler le reste du monde, il est certain qu'à moins d'être du nombre des conspirateurs les ambassadeurs des puissances doivent protester et partir.

Si au contraire l'événement de juillet n'était que le résultat d'une faute ou des fautes commises par la restauration; si ce n'était qu'une révolte contre les ordonnances de Charles X, il n'y avait rien dans cette indignation ni même dans ses suites qui dût effrayer l'Europe. Les ambassadeurs pouvaient attendre.

Nous avons des raisons de croire que M. de Sales

se rattachait à cette opinion. Sa loyauté, sa franchise se refusaient à admettre la probabilité d'une conspiration ourdie sur une si vaste échelle.

Dès les premiers moments de la révolte, on voit se former l'opinion du comte de Sales.

Dans une dépêche du 26 juillet, il raconte qu'il vient lui-même de parcourir les groupes qui se forment dans les rues et sur les places publiques, qu'il a entendu les propos, et que partout se manifeste l'indignation du peuple contre les ordonnances et la violation de la charte. Pourtant il espère que force restera à la loi.

Le 27, il répète les mêmes choses, puis il ajoute : « A l'intant même où j'écris j'entends les coups de « canon, et j'ai la conviction qu'ils ne sont pas à l'a- « vantage du gouvernement. »

Une chose est bien certaine, c'est qu'il sut voir dès le premier moment toute la tournure que devait prendre la révolution qui s'opérait sous ses yeux. Soit qu'il regardât les ordonnances comme une faute impardonnable, soit qu'il manquât de confiance dans les hommes qui étaient au pouvoir, soit enfin qu'il regardât comme insuffisantes les mesures prises pour vaincre la révolte, il vit dès le premier moment qu'elle allait triompher.

Il eut le malheur de ne pas se tromper : les émeutes l'emportèrent ; mais la révolution, qui n'était d'abord que populaire, se métamorphosa en s'accomplissant, et devint tout à fait bourgeoise. Dès le 8 août la France, qui avait été quelques jours dans l'anarchie, se trouva, sans savoir ni pourquoi ni comment, replacée sous une royauté d'invention nouvelle : le duc d'Orléans devint roi. Nouvel embarras pour la diplomatie.

Louis-Philippe est-il monté sur le trône en conspirant avec tous ceux qui travaillaient à le renverser?... Les légitimistes l'en accusent, les démocrates socialistes l'assurent, M. de Sales le nie.

Les puissances devront-elles le reconnaître ? Cette question est la dernière à résoudre; mais il faut avouer que c'est encore la plus épineuse. Aussi la diplomatie hésitera longtemps, et au lieu de résoudre la difficulté elle la tournera. Comme s'il y avait une certaine honte à associer les puissances légitimes au triomphe de la révolte, on se rattache à tout ce qui peut faire gagner du temps. L'Angleterre seule; l'Angleterre, l'ennemie naturelle de la France; l'Angleterre, qui ne consent à lui donner la main que quand elle espère la renverser; l'Angleterre, qui avait à se venger de l'échec qu'elle avait subi au congrès de Vérone, de la campagne de 1823 en Espagne, et plus encore de la conquête de l'Algérie ; l'Angleterre, pour qui toute la morale politique se résume dans l'intérêt matériel, reconnaît Louis-Philippe comme légitime roi des Français.

Les autres diplomates hésitent; mais il est facile

de reconnaître que rien n'est plus tiède que leur foi politique, si toutefois ils en ont encore. C'est une chose triste à dire, mais pourquoi ne pas en faire l'aveu si c'est une vérité ? Oui donc, à force de passer à travers les révolutions, les épreuves, les changements, les évolutions sociales, les conspirations, les intrigues de partis, les hommes battus par l'orage, déçus dans leurs espérances, se laissent peu à peu tomber dans le doute politique, et font des efforts pour se tenir dans ce juste milieu qui est le plus dangereux ennemi de toute vérité. Après soixante ans passés à travers tant de changements, ne soyons pas étonnés de trouver autour de nous un si grand nombre de ces natures affadies qui adhèrent à tout et toujours sans amour, sans dévouement et sans passion. Il serait difficile qu'il en fût autrement ; car c'est la foi qui produit l'action, et la foi s'en va. L'indifférentisme politique, conséquence nécessaire de l'indifférentisme religieux, est le plus triste symptôme d'une générale démoralisation et d'une décadence sociale. De la foi à une vérité positive, à une justice absolue qui avait, sous l'empire du catholicisme, présidé à la formation du droit public européen, nous passons à l'humiliante doctrine des faits accomplis.

Tout ce qui est accompli en politique est bien par là même que c'est accompli. Une fois ou l'autre le principe passera du droit politique dans le droit civil, et alors la magistrature deviendra inutile : car, tout étant bien en soi, il n'y aura plus de crime à condamner, plus d'injustice à réparer.

Pour montrer que nous n'exagérons pas et combien cette doctrine a déjà progressé dans le monde, nous citerons quelques lignes d'un publiciste justement estimé, et qui, sous ce rapport, sacrifie peut-être, sans le savoir, à l'idole du jour. M. Capefigue loue les comtes de Lovenhielm qui servent successivement tous les partis, et, « toujours avec une ho-
« norable fidélité et une foi nouvelle et naïve pour
« chaque changement.

« Est-ce là un bien ou un mal ? dit-il. Les moralistes
« sévères trouveront sans doute que la fidélité à un
« principe est la seule, la première condition de toute
« conscience humaine ; mais s'il en était ainsi aux
« temps agités des révolutions, il faudrait nécessai-
« rement se battre et tout briser. Il est donc heureux
« pour un pays que ces scrupules ne se produisent
« pas toujours ; qu'il y ait des hommes de talent et
« de modération qui, sans désirer, sans agir, ac-
« ceptent chaque fait accompli et cherchent à le faire
« tourner le mieux possible au bonheur du pays, au
« profit de la paix et de l'ordre. » (*Les Diplomates et hommes d'État européens*, etc., par Capfigue, pag. 298.)

Au lieu de demander si l'on reconnaîtrait le roi des Français, on demanda s'il était convenable de faire la guerre. La question de la paix et de la guerre était agitée partout ; mais c'est dans le corps et par le corps diplomatique qu'elle fut résolue.

Une circonstance peut nous faire comprendre toute la part d'influence qu'eut M. le comte de Sales dans les décisions qui furent prises. La voici :

Les événements, à cette époque, se pressaient si rapidement qu'il fallait pour les suivre se trouver sur les lieux où ils se passaient. Les quatre grandes puissances donnèrent donc à leurs représentants à Paris des pouvoirs spéciaux, avec ordre de se rassembler toutes les fois qu'ils le jugeraient nécessaire, et de porter des décisions que chacune d'elles regarderait comme obligatoires toutes les fois qu'elles auraient été prises à l'unanimité.

Le comte de Sales, ne représentant que l'une des plus petites puissances de l'Europe, n'avait ni le droit ni la prétention d'être admis à ces conférences ; mais la considération dont il jouissait, la confiance que l'on avait dans ses lumières était telle que ces conférences ne se tinrent jamais sans lui. Or, M. de Sales était du parti de la paix, et chez lui cette opinion était fortement prononcée.

Ce n'est pas seulement auprès des ambassadeurs qu'il la soutenait, c'était surtout auprès de son gouvernement, avec lequel il n'était pas parfaitement d'accord sur l'attitude à prendre vis-à-vis du nouveau pouvoir établi en France. Sans avoir à notre disposition les documents propres à nous faire connaître toutes les raisons sur lesquelles s'appuyait le diplomate savoisien, nous croyons ne pas nous écarter de la vérité en les résumant comme il suit.

La guerre, dans un moment où il y a tant d'effervescence en Europe, ne saurait être ni raisonnable, ni prudente, ni nécessaire. Contre qui la ferait-on? Contre Louis-Philippe? Mais, comme il le dit lui-même dans sa lettre de participation à l'empereur de Russie, il n'a ni désiré ni cherché la position qui lui a été faite. Il s'est dévoué pour épargner à la France les horreurs de la guerre civile, et aux puissances étrangères les malheurs d'une guerre de nation à nation qui n'aurait pu manquer d'arriver si, en refusant la royauté, il avait livré la France au régime républicain ou à l'anarchie. Il ne pouvait refuser la couronne sans compromettre l'avenir de la France et le repos de ses voisins. Les vaincus eux-mêmes l'ont cru nécessaire à leur salut. Pourquoi voudrait-on le punir du bien qu'il a fait?

La guerre serait extrêmement imprudente. A tort ou à raison, le peuple s'est prononcé contre la royauté déchue; faire une guerre pour la lui imposer, serait lui donner plus de force qu'il n'en a jamais eu. Les puissances sont trop sages et trop prévoyantes pour s'engager dans une entreprise aussi hasardeuse. Elles s'écouteront avant de mettre la main dans ce guêpier. Est-il certain, d'ailleurs, qu'elles fussent toutes d'accord contre la royauté de juillet, comme elles le furent contre Bonaparte en 1815 ?....

Du moment où l'ordre de choses établi en France serait menacé par les puissances étrangères, un immense travail de propagande révolutionnaire serait organisé à Paris, et de là partiraient les orages qui passeraient sur les peuples en renversant tout ce qui les garantit contre l'anarchie. Déjà les émeutes qui ont élevé les barricades dans les rues de Paris n'attendent qu'un signal pour s'élever à Varsovie, à Bruxelles, à Naples, à Madrid, en Allemagne, en Suisse et en Piémont. Les révolutionnaires de ces pays n'attendent qu'un mot d'encouragement et la promesse d'être soutenus.

La guerre que l'on voudrait faire n'est nullement nécessaire. Pourquoi la ferait-on ? Rien n'est changé. C'est la même charte avec quelques amendements qui n'en changent pas l'esprit. Les traités de 1815 seront religieusement observés. Le chef de la nation française est prêt à donner aux puissances toutes les garanties possibles. L'événement de juillet est sans doute bien regrettable ; mais ce n'est pas une révolution proprement dite. Un roi Bourbon a fait une faute qui l'a fait descendre du trône ; un prince de la même famille l'a remplacé : c'est sans doute un malheur ; mais faut-il que ce malheur en cause de plus grands encore ? On voudrait sans doute étouffer le germe des révolutions. Louis-Philippe, intéressé, pour fonder sa dynastie, à maintenir la paix à tout prix, ne sera-t-il pas disposé plus que tout autre à atteindre ce but?

En faveur de qui ferait-on la guerre? Il n'est pas douteux que ce ne fût en faveur de la légitimité. Mais est-on bien certain qu'une seconde restauration fût possible avec un enfant et une régence, tandis que la première a succombé avec de tout autres moyens? On croit pouvoir compter sur le parti légitimiste; nous voudrions de tout notre cœur pouvoir en dire autant. Ministre d'un prince légitime, sujet d'un pays à qui la légitimité a donné huit siècles d'existence et de prospérité, la légitimité est pour nous une institution sacrée; mais encore faut-il qu'elle soit possible. S'il y avait, dans le parti légitimiste, beaucoup d'hommes comme il y a quelques femmes, ils auraient des chances d'avenir; mais, nous le disons avec regret, notre confiance n'est pas au niveau de notre affection.

Voilà ce que pensait M. le comte de Sales; et cette thèse, qu'il développait avec ses collègues de la diplomatie, il la soutenait aussi vis-à-vis de son gouvernement, qui n'était pas tout à fait de même avis.

Nous nous croyons obligé de faire remarquer que, dans les idées du comte de Sales, il n'était pas question de renier le principe de la légitimité, auquel sa vie tout entière a prouvé qu'il était fortement attaché; mais il s'agissait de savoir si, sans renier le droit, il était opportun d'admettre le fait d'un gouvernement issu de la rébellion; si, en refusant de le reconnaître, on avait des chances de faire prévaloir le droit; si, enfin, l'on serait soutenu à l'intérieur par les forces vives de la nation, et à l'extérieur par les grandes puissances de l'Europe. L'opinion du comte de Sales était que l'on ne pouvait compter ni sur les unes ni sur les autres. Hélas ! l'expérience est venue démontrer que le diplomate savoisien avait vu juste dans l'avenir, et qu'il aurait inutilement compromis sa patrie et son roi s'il avait poussé son gouvernement à des attitudes hostiles dont ils auraient pu devenir les victimes.

On ne manquera pas de citer le duc de Modène, qui a pu impunément refuser de reconnaître Louis-Philippe. L'exemple serait mal choisi. Le duc de Modène, caché dans le centre de l'Italie, sans aucun contact avec la France, a pu échapper aux dangers de la position qu'il s'était faite ; il n'en eût pas été ainsi du Piémont. Ce pays, qui est en contact avec la France des bords du lac Léman jusqu'à la Méditerranée, ne peut passer un seul jour sans être avec elle en paix ou en guerre. Supposez que le Piémont eût essayé de se tenir vis-à-vis de la France dans un état de neutralité, le gouvernement français n'eût eu qu'un seul mot à dire aux révolutionnaires de l'intérieur et à ceux de l'extérieur pour bouleverser les

États sardes. Il suffit de reporter ses souvenirs sur tout ce qui s'est passé en 1831, 32, 33 et 34 pour comprendre que ce danger n'était pas une chimère.

Il y avait, à Chambéry et à Turin, un certain nombre de légitimistes influents qui agissaient dans un sens opposé à M. de Sales, et qui étaient fort bien traités à la cour et auprès du ministère. La dissidence entre l'ambassadeur et son gouvernement arriva à un tel point que, dans le même temps où le gouvernement hésitait à se prononcer en faveur de Louis-Philippe, le comte de Sales appuyait la demande d'écarter de la frontière de Savoie tous les légitimistes qui s'y trouvaient, et c'est ce qui fut fait.

La grande faveur dont le comte de Sales jouissait au Palais-Royal vint se joindre aux opinions qu'il soutenait, et tout cela le fit tomber aux yeux de sa cour dans un état de suspicion dont il ne tarda pas à s'apercevoir. Un cœur aussi loyal que le sien devait en être blessé; il offrit sa démission, qui heureusement ne fut pas acceptée.

Les événements furent conformes à ses prévisions, ou peut-être encore ces événements ne furent-ils qu'une conséquence de la direction qu'il avait contribué à leur donner. Pascal dit quelque part qu'il faut un rien, un petit je ne sais quoi, pour changer la face du monde. Or, le comte de Sales jouissait d'une très-grande considération dans le corps diplomatique, et décidément c'est la diplomatie qui a tenu le timon du vaisseau pendant les orages qui ont accompagné et suivi 1830. Dans l'opinion générale, la guerre était imminente, et même, jusqu'à un certain point, indispensable pour sauver les principes conservateurs des peuples. Plusieurs nations la voulaient, et pourtant elle n'a pas eu lieu, parce que les représentants des nations ont temporisé d'abord; ensuite ils ont pris sur eux de résoudre les difficultés à mesure qu'elles surgissaient, enfin ils ont apaisé les irritations de leurs gouvernements respectifs, et, grâce à leurs ménagements, Louis-Philippe a pu recevoir, à cette époque, le nom de *Napoléon de la paix*.

Il est impossible d'enlever à M. de Sales la part qu'il a eue dans ce résultat. Si, au lieu de se joindre à l'Angleterre et à Pozzo di Borgo, il se fût joint à ceux qui penchaient pour la guerre, il est infiniment probable que la guerre eût commencé, et que le monde en fût sorti avec une tournure toute différente de ce que nous avons vu. Laissons à d'autres de deviner si le résultat eût mieux valu.

Il y a dans le dernier ouvrage que vient de publier le comte de Solar de La Marguerite un chapitre qu'il faudrait écrire en lettres d'or, et le coller sur le front de tous les diplomates, afin d'être lu par les princes qui ont besoin d'être en défiance contre ceux à qui ils confient une partie de leur autorité et par qui ils se font représenter dans les grands et petits congrès de la diplomatie ; c'est le chapitre XVII, dans lequel cet ancien ministre des affaires étrangères montre une partie du mal qu'ont fait à l'Europe les représentants des souverains.

Nous sommes heureux de nous trouver dans une parfaite conformité de pensées et de persuasion avec un homme qui est compétent sur ce sujet, et qui, libre de tout engagement vis-à-vis des sociétés secrètes, peut librement exprimer les vérités qu'il croit utile de faire connaître. Voici comme il s'exprime sur l'attitude que prirent en 1830 les diplomates qui se trouvaient à Paris : « En 1830, les
« diplomates qui se trouvaient à Paris pouvaient être
« d'un grand secours pour Charles X. Au lieu de le
« soutenir, ils l'abandonnèrent, et par là contribuè-
« rent à sa chute. Il fut question dans le corps di-
« plomatique de rassembler autour de ce prince, à
« Rambouillet, tous les représentants des puissances;
« cette démonstration aurait inspiré une certaine
« crainte à Louis-Philippe et à ses partisans ; mais le
« général Pozzo di Borgo, ambassadeur de Russie,
« qui détestait Charles X, fut d'un avis contraire.
« Cet avis prévalut, et donna courage à la révolution.
« Ses coryphées comprirent par là que la fâcheuse
« attitude du corps diplomatique suffisait pour dé-
« montrer que l'Europe ne consentirait pas à tirer
« l'épée pour soutenir en France le principe et le fait
« de la légitimité. »

Nous trouvons dans les notes du comte de Sales le brouillon d'une dépêche qui ne porte aucune date, mais qui suffira pour donner une idée de la politique qu'il voulait inspirer à son gouvernement, à qui il conseillait de faire alliance avec celui de Louis-Philippe.

« Je ne vous écris point encore aujourd'hui de dé-
« pêche, malgré l'occasion du courrier dont je pour-
« rais profiter si ma santé ne m'obligeait de m'abs-
« tenir pendant quelques jours encore de toute
« occupation un peu suivie. Toutefois, je puis vous
« dire que vous n'y perdez pas beaucoup, car, au
« fond, je n'ai rien de bien pressant ni de bien im-
« portant à vous mander. Je dois vous dire cepen-
« dant que vous seriez dans une grande erreur si,
« à cause des événements qui viennent de se passer
« sur notre frontière et d'autres faits plus anté-
« rieurs, vous vouliez croire que le gouvernement
« français a des intentions hostiles contre nous.
« Soyez sûr, cher comte, que ce n'est pas là ce qui
« le préoccupe à notre égard, et qu'il est plus dis-
« posé à nous être favorable que nuisible. Mais ce
« gouvernement a ses conditions à lui, qu'il ne peut
« méconnaître et auxquelles il ne peut se soustraire.
« Ce sont des nécessités qui lui sont imposées par
« son origine, et dont il ne parviendra à atténuer les
« mauvais effets qu'avec le temps, s'il est écrit au
« ciel que le temps lui sera accordé pour travailler à

« sa consolidation. Mais enfin, tel qu'il est, ce gou-
« vernement peut encore nous être de quelque uti-
« lité, ou du moins ne pas nous être trop contraire,
« si nous savons bien comprendre sa position et si
« nous ne lui demandons pas plus qu'il ne peut
« faire. Il est maintenant évident que Louis-Philippe
« connaît tout aussi bien que qui que ce soit les
« dangers que présente la propagande révolution-
« naire ; il sait qu'il est de son intérêt de la restrein-
« dre en attendant qu'il puisse la détruire. Si vous
« pouviez partager cette conviction, cher comte,
« vous jugeriez probablement que, tout en nous dé-
« fiant prudemment de tout ce qui peut nous arriver du
« côté de la France, nous pouvons cependant entre-
« voir dans un avenir qui peut ne pas être trop éloi-
« gné un changement de système qui rendra pour
« nous la France tout autre qu'elle n'est à présent.
« Il se pourrait fort bien que nous puissions trouver
« de son côté des avantages et des garanties que
« nous n'obtiendrions jamais d'autre part. »

Nous ne voulons pas quitter ce sujet sans faire connaître à nos lecteurs ce qui a pu venir jusqu'à nous relativement à l'espèce de désaccord qui a régné pendant plus d'une année entre la cour de Turin et son ambassadeur à Paris. Nous ne dirons que ce qui peut sans inconvénient être livré au public ; mais nous en dirons assez pour faire apprécier deux hommes qui, par l'élévation de l'âme, la délicatesse des sentiments, la loyauté et la franchise, étaient si dignes l'un de l'autre. M. le comte de Latour était ministre des affaires étrangères, et M. de Sales ambassadeur. Quand un roi a, pour le servir, des hommes de cette trempe, il peut compter sur le respect des nations étrangères. Nous ne donnons ici que le dernier retentissement d'une dissidence qui avait duré assez longtemps.

Une lettre du comte de Sales, adressée à son ministre le 10 décembre 1833, contient ce qui suit :
« ... Il me semblait que, pour une chose qui n'était
« pas pour nous de première nécessité, nous n'avions
« aucun intérêt à nous attirer une difficulté avec la
« France dans un moment où nous devions savoir
« que cette puissance était fort mal disposée contre
« nous. Il lui aurait été facile, si cette malheureuse
« affaire avait dû se prolonger, de nous faire sentir
« ses mauvaises intentions sans que ce qu'elle aurait
« pu se permettre contre nous eût été de nature à
« rien faire changer aux intentions pacifiques des
« cabinets du Nord.

« Au lieu d'apprécier ce que j'ai pu vous dire
« alors avec ce sentiment de justice et de pénétra-
« tion qui vous distingue, vous n'avez voulu voir
« dans mes remontrances respectueuses qu'une in-
« vitation à céder aux exigences de la France, et
« vous m'avez fait sentir le manque d'à-propos de
« ce conseil d'une manière qui m'a été pénible.

« Mais, comme certainement rien n'était plus loin
« de ma pensée que les concessions dont vous m'a-
« vez parlé, j'ai dû me défendre contre ce repro-
« che, et je l'ai fait avec chaleur et liberté, comme
« il est permis de le faire lorsqu'il s'agit de défendre
« son honneur.

« Après les explications que je me suis empressé
« de vous donner, n'ai-je pas pu espérer que vous
« sentiriez le besoin de me dire quelques mots ca-
« pables de me rendre le calme et la confiance que
« l'on ne peut avoir que quand on sait que l'on a
« été bien compris? Au lieu de me donner cette sa-
« tisfaction, vous vous bornez à me dire que Sa
« Majesté daignait toujours apprécier mes sentiments
« et mes intentions. Il y a tant de personnes qui se
« trompent, et qui font habituellement mal avec les
« meilleures intentions, que je n'ai pas cru pou-
« voir être satisfait de l'espèce de bon témoignage
« que vous m'avez donné à cette occasion.

« Permettez-moi de vous le dire avec franchise, mon-
« sieur le comte, ce qui m'a placé dans la position où
« je me trouve actuellement vis-à-vis de vous, c'est
« que vous avez pu croire que je parlais en géné-
« ral de personnes trop favorables sur ce qui se
« passe dans le pays que j'habite, et que je me
« faisais également des illusions sur les dispo-
« sitions des grandes puissances envers la France,
« comme si, d'un côté, je voyais toujours trop en

« beau, et de l'autre avec de trop sombres pré-
« visions.

« Cette manière de juger mes observations et les
« rapports que j'ai eu l'honneur de vous soumettre
« m'a naturellement, à la longue, fait perdre du
« crédit qu'il m'était nécessaire de conserver pour
« pouvoir être ici de quelque utilité, et m'a fait
« ressentir tous les désavantages d'une telle posi-
« tion. Mais ai-je bien mérité d'être jugé ainsi?...

« Les événements qui se sont succédé depuis
« quelque temps, soit ici, soit à l'extérieur, et dont
« je vous ai entretenu, ont-ils en quelque chose
« démenti mes prévisions, et attesté par leurs résul-
« tats que j'avais mal observé et mal jugé les cir-
« constances dont j'ai dû vous rendre compte? C'est
« là le point essentiel à examiner, et, sous ce rap-
« port, je ne crains pas que vos jugements soient
« sévères à mon égard ; car rien ne semble encore
« annoncer que je me sois trompé, soit lorsque je
« vous ai parlé de la situation intérieure de la France,
« soit lorsque j'ai appelé vos méditations sur le peu
« de disposition que l'on pouvait remarquer dans les
« cours du Nord pour opérer un changement de sys-
« tème dans la marche politique qu'elles suivent de-
« puis trois ans.

« Je présume bien que, sous ce double point de
« vue, mes rapports n'auront pas toujours été con-
« formes à ceux que d'autres personnes vous auront

« adressés, et que j'aurai pu me trouver souvent en
« opposition avec ceux qui auront cru pouvoir vous
« annoncer de prochains bouleversements en France,
« ou une autre politique que celle encore en vi-
« gueur. Mais, comme il ne dépendait pas de moi
« de choisir les sujets sur lesquels je devais vous
« entretenir, et que je crois m'être toujours con-
« formé à la vérité dans ce que je vous ai dit sans
« faire de la poésie ni faire des rapports comme des
« articles de gazette qui annoncent avec persévé-
« rance ce qui n'arrive jamais, ou qui est loin de
« devoir arriver, je ne sais pas, au fond, ce que
« vous pourriez me reprocher.

« Une chose sur laquelle j'ai cru devoir le plus
« insister sans pouvoir obtenir de votre part un seul
« mot de réponse ou une seule observation, c'est
« sur le danger qu'il devait y avoir pour nous
« à rester vis-à-vis de la France comme nous le
« sommes depuis quelque temps, tandis que d'autres
« États, et principalement l'Autriche, mettent le
« plus grand soin à entretenir de bons rapports avec
« cette puissance, au point que j'ai cru devoir vous
« dire une fois qu'il semblait que le prince de Met-
« ternich employait jusqu'à de la coquetterie dans
« ses relations avec ce pays; tant il était visible
« qu'il voulait le ménager, tout en faisant ce qu'il
« croyait nécessaire pour les intérêts qu'il voulait
« défendre.

« Un tel exemple me semblait au moins bon à
« suivre; car nous avons, plus que l'Autriche, be-
« soin d'avoir de bons rapports avec la France. Je
« n'ai jamais pu concevoir quel avantage il pouvait
« y avoir pour nous à nous placer si avant dans la
« haine du gouvernement français, comme nous le
« sommes actuellement. C'est nous ôter toute liberté
« de faire ce que les intérêts de notre pays pourront
« réclamer lorsqu'une crise sera imminente, et que
« nous serons obligés de prendre un parti décisif.

« Si les observations que je vous ai présentées
« vous avaient été adressées par quelqu'un qui eût
« joui de toute votre confiance, il est probable que
« vous auriez cru qu'il fallait y donner quelque at-
« tention. Je ne me plains pas à cause de moi que
« vous ne l'ayez pas fait; mais, dans l'intérêt du
« service, je m'afflige et quelquefois je regrette
« d'occuper un poste où je n'ai pas les conditions
« propres à donner à mon dévouement toute l'utilité
« qu'il pourrait avoir.

« C'est aussi ce qui m'a fait revenir plusieurs fois
« dans le courant de l'été sur la proposition que je
« vous ai faite d'envoyer quelqu'un d'autre à ma
« place. Je n'ai été déterminé à vous faire cette pro-
« position par aucun ressentiment, par aucune vue
« personnelle; je l'ai faite uniquement à cause de
« la conviction où je suis qu'il est indispensable
« que vous ayez, dans ce poste important, quelqu'un

« qui vous inspire toute confiance, parce qu'il y a
« des choses qui se passent ici, et que, dans l'éloi-
« gnement où vous êtes, il est impossible d'apprécier
« autrement que par les rapports de la personne
« chargée de les suivre.

« Cette proposition, qui ne m'a été inspirée, je le
« répète, que dans l'intérêt du service du roi, je
« crois devoir vous la renouveler aujourd'hui, pour
« que vous veuilliez bien y donner toute votre at-
« tention. Je ne voudrais pas, dans les circonstan-
« ces où nous sommes, manquer au service du roi,
« tant qu'il trouvera bon que je le serve ; mais ce-
« pendant je désire que vous soyez bien persuadé
« que je n'ai nulle affection pour la position que
« j'occupe, et nul désir de la conserver, si je puis
« croire qu'une autre personne pourra la remplir
« plus utilement que moi. »

Après avoir fait connaître les griefs allégués par le comte de Sales, nous devons faire connaître les réponses du ministère, du moins ce qui nous en est parvenu. Nous avons, sur ce sujet, trois lettres de M. le comte de Latour, dont deux sont particulières et entièrement écrites de sa main. En voyant tant de noblesse, tant de loyauté se montrer dans ce débat, nous serions porté à regretter qu'il n'eût pas eu lieu. Quand le caractère des hommes est beau, on applaudit malgré soi aux circonstances, même fâcheuses, qui lui fournissent l'occasion de se produire. Le comte de Sales demandait à être rassuré sur l'opinion que l'on avait de sa loyauté dans l'exercice de sa mission ; c'est pour arriver à ce but que S. E. le comte de Latour lui adressa la lettre suivante, qui a un caractère tout officiel.

« Monsieur le comte,

« J'ai vu avec regret que Votre Excellence ait
« cru devoir profiter de l'occasion du courrier na-
« politain, arrivé ici dernièrement, pour revenir sur
« un objet personnel dont elle m'avait déjà entre-
« tenu. Je ne vous parlerai pas, monsieur le comte,
« des insinuations particulières et indirectes que
« vous avez pu recevoir sur la manière dont vos
« rapports sont accueillis et appréciés par Sa Ma-
« jesté et par son cabinet. Je laisse à ceux qui font
« ces sortes d'insinuations le soin de les justifier. Je
« prierai seulement Votre Excellence de bien exa-
« miner si dans toute la correspondance que j'ai
« tenue avec elle pendant son séjour à Paris il y a
« un seul mot qui puisse raisonnablement être in-
« terprété dans le sens des doutes qu'elle exprime.
« J'ajouterai même qu'il serait fort singulier, de
« notre part, de prétendre que l'ambassadeur du
« roi à Paris s'abstînt de rapporter exactement les
« choses qu'il voit et qu'il entend, toutes les fois
« qu'elles ne seraient pas conformes à nos vœux
« et à nos prévisions. La correspondance de Votre

« Excellence est celle d'un diplomate expérimenté
« et prudent, qui ne hasarde aucune opinion
« avant d'avoir mûrement pesé toutes les chances
« sur lesquelles elle doit être basée, et qui sait même
« quelquefois faire abstraction de ses propres sen-
« timents pour éviter d'être entraîné par la préven-
« tion. Cette règle, que Votre Excellence s'est sa-
« gement tracée dans l'exercice de ses hautes et
« délicates fonctions, vous met à même, monsieur
« le comte, non-seulement de faire connaître au roi
« la situation véritable et successive des affaires en
« France, mais aussi de prendre vis-à-vis de la cour
« et du ministère français une attitude indépen-
« dante et telle que les circonstances peuvent l'exi-
« ger. Aussi Sa Majesté a eu occasion de voir plu-
« sieurs fois avec plaisir que, tout en tâchant de
« vous maintenir dans les meilleurs termes avec le
« roi Louis-Philippe et ses ministres, vous ne laissez
« pas, monsieur le comte, de soutenir avec vigueur
« les questions qui ont un intérêt direct et essentiel
« pour nous. Sa Majesté lit toujours avec attention
« et intérêt tous vos rapports. Votre Excellence
« peut être persuadée que, si, profitant des occasions
« sûres qui se présentent, elle ajoutait à ses dépê-
« ches des remarques confidentielles sur la manière
« dont elle envisage les événements qui se passent
« sous ses yeux et sur l'opinion que lui en expri-
« ment les autres ambassadeurs, le roi accueille-

« rait avec bienveillance ces communications se-
« crètes.

« J'espère donc que Votre Excellence reviendra
« entièrement de l'idée qu'elle m'a exprimée en plu-
« sieurs occasions, et que nous n'aurons plus doré-
« navant à nous entretenir d'une question dans la-
« quelle j'avouerai de nouveau que je ne suis entré
« qu'avec un véritable regret et pour ne pas laisser
« sans réponse les différentes lettres que vous m'a-
« vez adressées à ce sujet…. Agréez, monsieur le
« comte, les nouvelles assurances de ma haute con-
« sidération. »

Signé : DE LATOUR.

SECONDE LETTRE DU MÊME.

Particulière. Turin, 28 novembre 1833.

« Je réponds, mon cher comte, à votre bonne
« lettre particulière et aux deux des 21 et 22, aux-
« quelles je regrette de ne pouvoir pas donner la
« même épithète. En effet, si vous les relisiez de
« sang-froid, je suis assuré que vous regretteriez
« de les avoir écrites, et d'avoir déposé dans mes
« bureaux des pièces qui semblent constater une
« mésintelligence complète entre le ministère et l'am-
« bassadeur.

« Placés à cent cinquante lieues de distance, et
« dans une atmosphère politique toute différente, il

« est tout simple qu'il y ait quelquefois une cer-
« taine divergence dans notre manière d'envisager
« une affaire quelconque; mais, comme je ne m'en
« fâche point de mon côté, j'ai droit à ce que vous
« n'en montriez pas non plus de ressentiment....

« Je termine, mon cher comte, en convenant
« pleinement avec vous que le poste d'ambassadeur
« sarde à Paris n'est pas agréable; mais, certes,
« celui de ministre à Turin ne l'est pas non plus.
« Que devons-nous donc faire?... Nous entr'aider
« mutuellement autant que nous le pouvons, et ra-
« mer chacun à la place que nous assigne la Pro-
« vidence, jusqu'à ce qu'il lui plaise conduire le
« vaisseau de l'État dans un port assuré. Je ne doute
« point, mon cher comte, que vous ne soyez de cet
« avis, et je me tiens pour assuré que nous ne
« conserverons ni l'un ni l'autre aucune impression
« défavorable de la discussion qui s'est élevée entre
« nous, et que je tranche ici pour vous renouveler
« la bien sincère assurance de mon ancienne et bien
« sincère amitié.

« Tout à vous. »

Signé : DE LATOUR.

TROISIÈME LETTRE DU MÊME.

Particulière.   Turin, le 1er janvier 1834.

Mon très-cher comte,

« J'ai reçu, mon cher comte, vos deux bonnes
« lettres du 10 décembre. N'attribuez qu'au man-
« que d'occasion sûre le retard de ma réponse ; car
« j'étais bien empressé de dissiper l'espèce de mé-
« sentendu qui existe entre nous. Je vous déclare
« donc, avant tout, qu'il n'y a personne en qui j'aie
« plus de confiance qu'en vous, que je connais de-
« puis quarante-cinq ans comme un parfait honnête
« homme, remarquablement doué de sagesse, de
« prudence et de loyauté. Vous sentez donc, mon
« cher comte, qu'il ne peut pas être question que
« j'envoie un examinateur à Paris pour savoir si
« vous y faites bien ou mal, ou que je puisse penser
« qu'un autre y ferait mieux que vous ; car je suis
« très-convaincu que vous y faites tout ce qu'il
« est possible d'y faire, et je souhaite que vous y
« restiez tant que votre santé n'y mettra pas un
« obstacle insurmontable, ce qui, j'espère, n'arrivera
« pas.

« Il existe cependant entre nous une différence
« dans la manière de juger nos rapports avec la
« France, et la voici : vous semblez quelquefois
« croire que, si nous faisions ou ceci ou cela, nous

« parviendrions à avoir des rapports constamment
« bons. Je ne puis partager cette croyance, par les
« raisons suivantes : 1° parce que le gouvernement
« actuel ne pourra de longtemps s'empêcher de fa-
« voriser la propagande jusqu'à un certain point :
« tout au moins, il ne peut travailler sérieusement
« et efficacement à la réprimer ; 2° parce qu'il ne
« peut pas renoncer franchement à toute arrière-
« pensée sur la Savoie et Nice; 3° parce qu'il ne
« veut pas renoncer nettement à toute prétention
« d'influer dans nos affaires intérieures, et qu'en un
« mot il voudrait exercer ou au moins faire croire
« qu'il exerce chez nous une espèce de patronage
« que nous ne pouvons ni ne devons lui accorder.
« Voilà, mon cher comte, trois causes permanentes
« de *dissapori* que ni vous ni moi ne pouvons dé-
« truire, et qui subsisteront jusqu'à ce que les affai-
« res étrangères de la France soient dirigées par un
« homme qui comprenne que, pour balancer l'in-
« fluence politique de l'Autriche en Italie, il faut être
« bien avec la Sardaigne, et que, pour être bien avec
« la Sardaigne, il faut non-seulement ménager ses
« intérêts, mais aussi son amour-propre.....

« Au reste, si, comme il est possible, le gouverne-
« ment actuel se soutient, il apprendra à faire de la
« vraie politique, et nos rapports avec la France
« pourront devenir fort bons. Mais, jusque-là, il y
« aura du haut et du bas, quoi que nous puissions

« faire à Turin. J'espère, mon cher comte, que vous
« serez satisfait de ces explications. Je les termine
« pour vous exprimer combien je désire le prompt
« et complet rétablissement de votre santé.

« Tout à vous de cœur et d'âme. »

Signé : DE LATOUR.

Pendant les journées de juillet, le comte de Sales, qui était né avec un sang et des inclinations militaires, était comme malgré lui entraîné dans les endroits où il entendait le bruit des armes. Pendant les trois jours que durèrent les combats, il ne quitta presque pas les rues et les places publiques, se trouvant toujours dans les endroits où l'on se battait avec le plus d'acharnement.

Dans l'une de ses premières sorties, il était accompagné du chevalier N..., attaché à la légation sarde. A l'instant où ils débouchaient ensemble dans la rue Saint-Honoré pour gagner un passage, une décharge de mousqueterie se fit presque à côté d'eux. Le brave chevalier N... tomba par terre, se croyant mortellement blessé ; mais fort heureusement il n'avait été frappé que par la peur. En lui donnant la main pour le relever, le comte de Sales lui dit : Mon cher N..., vous n'êtes pas fait pour la poudre ; retournez au bureau ; je serai moins exposé quand je ne serai qu'un.

Après une effervescence telle qu'elle avait dû être pour renverser un trône, briser une dynastie, expulser de la France trois générations de princes et rendre incertains tous pouvoirs, on comprend que l'ordre ne pouvait se rétablir tout à coup. On peut enchaîner l'anarchie, on ne la tue pas, et ses longs bras continuent longtemps encore à troubler et agiter ce qui l'entoure. Après les trois fameuses journées, on ne se battait pas dans les rues de Paris; mais on y était dans une grande agitation. La moindre chose suffisait pour y produire un rassemblement. Un jour, l'hôtel de l'ambassade de Sardaigne faillit être livré à une émeute que rien n'avait pu faire prévoir.

Quelques déserteurs piémontais, poussés par quelques-uns de ces hommes qui ont intérêt à faire disparaître certains documents qui ne sont pas à leur avantage, voulaient pénétrer dans l'hôtel de l'ambassade et sans doute y travailler comme à l'archevêché de Paris. En parcourant les rues, ils se mirent à crier qu'ils allaient enlever des armes et des munitions cachées dans la demeure de l'ambassadeur de Sardaigne, où se tramait une contre-révolution. A mesure qu'ils avançaient, la troupe grossissait. La cour de l'hôtel et les rues adjacentes ne tardèrent pas à être encombrées par la foule. Averti par le tumulte, le comte de Sales, sans trop s'émouvoir, descend de ses appartements, vient droit au milieu des émeutiers, et, sans se départir de cette dignité qui semblait inséparable de sa personne, il leur demande ce qu'ils veulent. L'émeute entière lui répond : Nous voulons enlever les armes qui sont cachées dans l'hôtel. — Eh bien ! il faut d'abord vous assurer qu'il y en a, et pour cela envoyez quelques-uns des vôtres ; qu'ils viennent en toute liberté visiter la maison, et, quand ils auront découvert les armes que vous cherchez, rien n'empêchera que vous ne veniez les prendre.

Sans attendre les débats auxquels aurait pu donner lieu le choix d'une députation, le comte s'adresse rapidement à ceux qui lui paraissaient les plus honnêtes, et leur dit : Vous, venez ; venez aussi, vous, etc. Il les accompagne, leur fait faire le tour des appartements en leur parlant toujours avec ce calme qui ne l'abandonnait jamais et qui les déconcerte beaucoup. Il les reconduit jusqu'à leurs compagnons. En arrivant, ils se montrent furieux d'avoir été trompés par les organisateurs de ce mouvement, et peut-être leur auraient-ils fait un mauvais parti si le comte de Sales ne s'était interposé pour demander grâce pour eux.

La confiance qu'inspirait l'ambassadeur sarde était comme une atmosphère qui entourait sa personne et saisissait tous ceux qui le connaissaient ou seulement qui avaient quelques rapports avec lui. Le roi des Français lui-même ne dédaignait pas de lui demander conseil dans les circonstances difficiles. Et certes alors ces circonstances devaient se présenter souvent.

Le général Lafayette, qui avait appuyé le choix de Louis-Philippe et qui l'avait présenté à son parti comme la meilleure des républiques, voyant que peu à peu la république tournait à la monarchie, crut devoir offrir sa démission de commandant général des gardes nationales de France. Le 25 décembre 1830, il disait au roi des Français : « Vo-
« tre système de gouvernement n'est plus le mien.
« Au dedans et au dehors, la marche de votre gou-
« vernement n'étant point celle que je crois salu-
« taire aux intérêts de la liberté, il n'y aurait point de
« sincérité de ma part à rester plus longtemps comme
« un corps opaque entre le peuple et le pouvoir. Moi
« éloigné du gouvernement, chacun saura mieux que
« moi à quoi s'en tenir. » (Sarrans, t. II, p. 109.)

Il est facile de voir que la démission du général contenait une menace et un appel à son parti. La décision de Louis-Philippe pouvait avoir de graves conséquences ; il hésitait. Lafayette n'était ni une capacité ni un homme d'État ; mais ses antécédents l'avaient entouré d'une espèce d'auréole révolutionnaire qui éblouissait beaucoup d'yeux. C'était un drapeau qu'il fallait d'autant plus ménager qu'il avait depuis longtemps habitué les regards de la multitude à se diriger sur lui.

Le roi fit appeler le comte de Sales, et, après lui avoir exposé la situation, lui demanda son avis. Le comte répondit : Sire, cette démission si librement offerte est, selon moi, un des événements les plus heureux que la Providence puisse ménager pour Votre Majesté. M. de Lafayette peut se croire d'une grande importance personnelle ; mais, dans la réalité, il est sous la dépendance d'un parti dont toutes les exigences sont connues, et qui d'un moment à l'autre pourront causer de grands embarras au gouvernement de Votre Majesté. Il y aurait, dans le moment actuel, de l'imprudence à renvoyer le général ; mais il ne saurait y en avoir à lui permettre de se retirer. Le grand nombre de ceux qui ont appelé Votre Majesté sur le trône de France, ou seulement qui l'y ont vue monter avec plaisir, verront avec satisfaction l'éloignement d'un homme qui mettait à la monarchie des conditions impossibles. Les légitimistes ne le regretteront pas ; et ses partisans les plus dévoués ne s'en prendront qu'à lui de les avoir abandonnés. Le conseil fut suivi, la démission fut acceptée, et Lafayette, dit-on, fut le seul qui en eut des regrets.

L'événement de 1830, si bien préparé et si longtemps attendu, n'était pas précisément la révolution vers laquelle marche encore l'Europe ; mais c'était un grand pas de fait pour s'en approcher. Quoique vaincu sur les pavés de Paris, le démocratisme avait sauvé les deux institutions les plus favorables à ses projets, la liberté de la presse et la garde nationale, deux choses sans lesquelles la révolution n'est pas même possible. Il avait en outre gagné beaucoup d'accessoires qui devaient lui être d'un grand secours. Ce n'est donc pas sans raison que le parti démocratique a toujours considéré sa défaite de 1830 comme une avant-victoire qui tôt ou tard se changera en victoire complète. Cependant il comprit que si la révolution se bornait à la France, elle ne tarderait pas à être vaincue par les autres peuples ou par elle-même si elle restait sans fécondité. Dès lors son organisation par les sociétés secrètes devint plus large; elle embrassa toutes les nations de l'Europe, comme on a pu s'en convaincre dans la nouvelle tentative de 48.

La marche adoptée n'était sans doute pas de faire passer subitement un peuple du gouvernement monarchique au socialisme; mais seulement de le placer sur la voie du progrès, et ensuite de le pousser en avant. Cette marche est celle-ci : la liberté de la presse avant tout. Par la liberté de la presse, la garde nationale, par les deux, l'abolition de la constitution traditionnelle pour la remplacer par une constitution écrite et à récrire; par ces trois moyens, un parlement qui réunisse en lui toute autorité et annule la royauté; par le parlement, la centralisation, l'omnipotence de l'État, la puissance illimitée de l'impôt, l'asservissement de l'Église, le monopole de l'enseignement, l'abaissement de la magistrature et la démoralisation par tous les moyens, afin de préparer des hommes assez souples, assez abjects pour se soumettre au régime de la communauté universelle, à qui l'on peut se contenter de donner provisoirement le nom de république universelle.

C'est en France et en Suisse surtout que se perfectionnaient les plans et que se préparaient les mouvements. Mais, en partant de la Suisse et de la France pour arriver en Italie, c'est par la Savoie que la révolution devait passer. Il n'est donc pas étonnant que l'on ait fait tant d'efforts, tant de tentatives pour révolutionner ce pauvre petit pays. La révolution a tenté de s'introduire en Savoie par l'intérieur et successivement par toutes les frontières. Elle a voulu entrer par Seyssel, par Annemasse, par les Échelles, par le Piémont, et dernièrement elle a apporté ses drapeaux jusqu'à Chambéry, et toujours elle a été repoussée.

C'est un phénomène bien extraordinaire que l'amour de ce peuple pour sa nationalité et la constance de son attachement pour ses institutions.

En 1831, les conspirateurs, croyant avoir dans l'armée sarde et dans les petites villes de Savoie acquis des adhérents assez nombreux, non pour faire une révolution, mais au moins pour la soutenir quand elle viendrait tout organisée du dehors, formèrent à Lyon une petite armée, composée, comme à l'ordinaire, de malheureux ouvriers sans travail et de toute sorte d'aventuriers chassés de leur pays pour les crimes qu'ils y avaient commis. La caisse des sociétés secrètes leur avait fourni des armes, des munitions et quelques habillements militaires. C'est à la Croix-Rousse qu'étaient leurs magasins et leurs ateliers. Trois pauvres ouvriers originaires de Savoie, que l'on avait enrôlés dans cette bande, effrayés du sort que préparaient à leur patrie ces conquérants d'une nouvelle espèce, qui ne rêvaient que le pillage, firent avertir M. le marquis d'Ancieux, alors gouverneur de la Savoie, de tout ce qui se tramait contre elle. Celui-ci ne se contenta pas d'avertir son gouvernement, de prendre à la frontière des mesures de défense, il expédia une estafette à M. le comte de Sales, qui alla droit au roi des Français se plaindre de ce que, dans le cœur même de la France, une troupe de brigands avait la liberté de préparer une invasion à main armée contre la Savoie. Ses remontrances furent prises en considération ; mais à cette époque le nouvel ordre de choses était encore bien faible. Le socialisme, qui avait triomphé sur les pavés de Paris et qui avait été aussitôt après vaincu dans les assemblées délibérantes, avait encore des partisans dans toutes les positions. Il y avait à Lyon un préfet qui n'eût pas été mécontent de voir réussir en Savoie ce qui avait échoué en France. C'est le traiter avec beaucoup d'indulgence que de se contenter de dire qu'il fermait les yeux sur les préparatifs d'invasion qui se faisaient presque publiquement dans la ville qu'il habitait.

Le comte de Sales, dont l'esprit pénétrant savait juger les hommes et apprécier ce que l'on peut attendre d'eux dans une circonstance donnée, demanda au gouvernement français des ordres précis pour le préfet de Lyon, et, pour en surveiller l'exécution, il envoya sur les lieux M. le baron de Blonay, son conseiller d'ambassade, qui, dès le moment de son arrivée, eut un œil ouvert sur les conspirateurs et l'autre sur le préfet.

Avertis à temps, et on ne sait par qui, qu'ils ne tarderaient pas à être dispersés, les envahisseurs se mirent en route pour les frontières de la Savoie. Ils devaient passer le Rhône à Seyssel, où ils étaient annoncés et attendus. Des ordres très-positifs et très-pressants ayant été donnés aux autorités de Lyon, elles envoyèrent à la poursuite de l'expédition des gendarmes et un peloton de cavalerie qui l'atteignirent à Ambérieux et la dispersèrent.

Il est impossible de ne pas reconnaître que c'est à l'intelligente activité de son ambassadeur que la Savoie est redevable d'avoir alors échappé aux malheurs qui s'attachent à une tentative de ce genre.

VIII.

Le comte de Sales quitte la diplomatie.

Dès l'arrivée du comte de Sales à Paris, sa santé s'est trouvée dans un délabrement qui lui inspirait des craintes, et déjà lui faisait désirer de se retirer des affaires. Au mois de mars 1830, il écrivait au ministre des affaires étrangères : « L'état de ma santé
« m'autoriserait certainement à demander immédia-
« tement ma retraite ; mais nous sommes dans des
« temps si difficiles et si dangereux qu'il ne faut
« plus se compter soi-même pour rien quand on
« peut être utile au service de son prince. Ainsi,
« en vous disant, mon cher comte, que tout mon
« désir serait d'avoir ma retraite avant la fin de
« l'année, je dirai en même temps que, si l'on ne
« veut pas encore me la donner, je resterai au poste
« où je me trouve, comme une sentinelle qui ne
« peut abandonner sans déshonneur celui qui a été
« confié à sa garde. »

A cette lettre le comte de Latour répondait : « Je

« crois, mon cher comte, qu'un congé de quelques
« mois est ce que le roi pourra faire de plus conci-
« liable pour l'état de votre santé et le bien de son
« service. »

Les événements se pressèrent de telle sorte, la guerre d'Afrique, les fameuses ordonnances, la révolution de juillet jetèrent un si grand trouble dans les rapports des puissances que la présence du comte de Sales à Paris devenait une nécessité. Il fallut absolument renoncer, au moins jusqu'à nouvel ordre, au congé et à la retraite.

Ce ne fut qu'en 1832 qu'il put obtenir un congé et venir passer à Thorens quelques mois, qui lui firent du bien sans le guérir. Au commencement de 1834 il demanda un nouveau congé, et le ministre lui répondait au 10 mars : « S. M. non-seulement
« vous accorde le congé que vous désirez, mais en-
« core elle ne met d'autres bornes à sa durée que
« celles que vous jugerez vous-même nécessaires
« pour vous rétablir parfaitement.

« D'après l'intérêt tout particulier que S. M. prend
« à votre santé, et le désir qu'elle a de pouvoir
« compter sur la continuation de vos bons et loyaux
« services, elle verrait avec plaisir que Votre Excel-
« lence pût profiter au plus tôt de l'agrément qui lui est
« accordé, afin de ne pas perdre les avantages que la
« saison tempérée dans laquelle nous allons entrer

« peut offrir pour l'efficacité des soins que votre
« santé exige. »

Cependant les infirmités qui l'affaiblissaient devenaient de plus en plus graves, et le mettaient dans l'impossibilité de remplir ses fonctions comme l'exigeait de lui cette délicatesse exquise qui dirigeait toutes ses actions. Le 9 mars 1836, il écrivit à S. Exc. le ministre des affaires étrangères la lettre qui suit :

« Monsieur le comte,

« Je ne puis plus me faire illusion sur l'état où je
« me trouve. Ma santé est entièrement délabrée. Ma
« faiblesse est telle qu'il m'est impossible de porter
« plus longtemps l'honorable fardeau dont je me
« trouve chargé. C'est avec un sentiment bien pénible,
« Monsieur le comte, que je me décide à vous faire
« cette déclaration. J'avais espéré pouvoir consumer
« tous mes jours au service du roi ; c'est la seule
« ambition à laquelle j'avais prétendu ; mais je dois
« reconnaître à présent que ce bonheur m'est refusé :
« je suis réduit à un tel état d'affaiblissement que je
« me fais un devoir de prier instamment Sa Ma-
« jesté de vouloir bien me dispenser de tout ser-
« vice.

« Une telle situation ne me laisse pas l'espoir de
« me remettre assez promptement pour continuer
« mes fonctions. Je ne puis ni ne voudrais solliciter

« un congé; je craindrais trop de faire tort au service
« du roi. Ainsi, je me résigne à vous prier, Monsieur
« le comte, de me faire avoir ma retraite. Je vous prie
« de vouloir bien porter à la haute connaissance de
« Sa Majesté les justes motifs qui m'obligent à une
« démarche qui m'afflige beaucoup. »

Obligé de céder à des raisons si pressantes, M. le comte de La Marguerite lui adressa la lettre suivante, où l'on voit percer le regret de perdre un homme de talent et de vertu.

« Je remplis, Monsieur le comte, avec un empres-
« sement bien sincère l'obligation où je suis de vous
« répéter, dans cette circonstance, les expressions
« du regret qu'éprouve Sa Majesté de se voir privée
« des services d'un ministre qui a su si bien méri-
« ter sa royale estime, et dont le zèle et le dévoue-
« ment le plus entier ont marqué tous les instants de
« sa carrière. Le roi se réserve de donner à Votre
« Excellence des marques de sa haute bienveillance
« et de sa satisfaction. Je m'estimerai heureux d'avoir
« à les lui annoncer. »

Trois semaines plus tard, le même ministre, en lui envoyant une nomination de ministre d'État, lui adresse la lettre suivante :

« Turin, le 19 mars 1836.

« Monsieur le comte,

« Sa Majesté ayant signé ce matin la lettre de rap-

« pel de Votre Excellence, j'ai l'honneur de la trans-
« mettre ci-jointe avec la copie d'usage. Je dois vous
« dire en même temps, Monsieur le comte, que la
« transmission de ces lettres ne doit absolument rien
« changer aux intentions que peut avoir Votre Ex-
« cellence ; elles ne sont destinées, au contraire,
« qu'à lui faciliter l'accomplissement de telles déter-
« minations qu'elle croirait convenable de prendre
« dans l'intérêt de sa santé. M. de Blonay ayant été
« mis à la disposition de Votre Excellence pour lui
« ôter toute espèce d'inquiétude à l'égard des affaires
« de l'ambassade, sa présence à Paris vous laisse
« toute latitude pour la présentation de vos lettres de
« rappel. Votre Excellence les retiendra auprès d'elle
« jusqu'à ce qu'elle juge à propos de les présenter
« ou de les faire parvenir à leur haute destination ;
« vous n'aurez à vous régler à cet égard, Monsieur
« le comte, que d'après vos propres convenances
« et suivant ce que vous croirez le plus utile pour
« votre rétablissement. Au moment où vous allez
« quitter son ambassade, le roi a déterminé de vous
« donner un témoignage de sa royale et entière sa-
« tisfaction pour vos services éminents en vous éle-
« vant à la dignité de grand de la couronne. C'est avec
« le plus vif empressement que j'ai l'honneur d'an-
« noncer cette haute marque de bienveillance de la
« part de Sa Majesté à Votre Excellence, en atten-
« dant qu'elle en reçoive l'annonce officielle par la voie

« ordinaire. Je ne réussirai pas, Monsieur le comte,
« à vous exprimer combien j'éprouve de regrets de
« devoir prochainement cesser d'avoir avec Votre
« Excellence des relations qu'elle savait rendre aussi
« agréables qu'utiles et dans lesquelles j'ai été si fré-
« quemment à même d'apprécier les sentiments purs
« et élevés qui l'animent, la noblesse, la loyauté de son
« caractère, et ce dévouement éclairé et sans bornes
« pour le service de Sa Majesté, dévouement dont je
« me suis toujours prévalu avec avantage pour m'aider
« dans l'accomplissement de la tâche qui m'est con-
« fiée. J'espère, Monsieur le comte, que vous vou-
« drez bien garder quelque souvenir de nos rapports,
« et je puis vous assurer que, de mon côté, ce souvenir
« me sera toujours extrêmement cher... J'ai reçu la
« dépêche du 14 courant, n° 1413, ainsi que les
« lettres qui y étaient annexées. Sa Majesté a pris
« connaissance avec beaucoup d'intérêt de ce qui s'y
« rapporte à votre santé. En vous renouvelant mes
« vœux pour son parfait rétablissement ; je prie Votre
« Excellence d'agréer les assurances réitérées de ma
« haute considération. »

Signé, SALAR DE LA MARGUERITE.

Nous croyons devoir joindre ici la lettre de rappel du comte de Sales, adressée par S. M. le roi Charles-Albert au roi des Français.

« Monsieur mon frère et très-cher oncle,

« Quels que soient mes regrets d'avoir à me pri-
« ver des services du comte de Sales, dans la situa-
« tion honorable où ma confiance l'avait placé, je
« ne saurais, d'après les derniers rapports que j'ai
« eus sur sa santé, différer davantage de l'autoriser
« à prendre congé de Votre Majesté aussitôt que
« ses forces le lui permettront. Je ne doute point
« que les qualités personnelles de cet ambassadeur
« n'aient inspiré à Votre Majesté les mêmes sen-
« timents que j'ai pour lui. Connaissant d'ail-
« leurs combien il a toujours désiré tout ce qui
« est conforme aux heureux liens de parenté et
« d'amitié qui unissent nos maisons, tout ce qui
« est propre à conserver et à raffermir de plus en
« plus la meilleure harmonie entre les deux États,
« j'aime à croire, Monsieur mon frère et très-
« cher oncle, qu'il partira avec l'assurance que
« les soins qu'il y a mis ont eu votre entière ap-
« probation, et que la même bienveillance dont il
« a reçu des marques si réitérées de votre auguste
« personne et de votre royale famille continuera à
« l'honorer.

« En attendant que je puisse désigner à Votre
« Majesté un nouvel ambassadeur, je la prie d'a-
« gréer que le comte de Sales lui offre encore une
« fois toutes les expressions de l'estime très-dis-

« tinguée et de l'inviolable attachement avec les-
« quels je suis,

« Monsieur mon frère et très-cher oncle,

« De Votre Majesté,

« Le bon frère et très-affectionné neveu,

« C. ALBERT. »

Contresigné : SOLAR DE LA MARGUERITE.

Turin, 19 mars 1836.

Nous ne saurions mieux terminer ce que nous avions à dire sur l'ambassade de Paris que par les paroles touchantes que le comte de Sales adresse au roi en la quittant.

« Sire,

« Au moment où je vais quitter le poste auquel
« Votre Majesté avait daigné m'appeler, je la sup-
« plie de vouloir bien ajouter à toutes les bontés
« qu'elle a déjà eues pour moi celle de me per-
« mettre de lui adresser directement l'expression
« des regrets bien vifs que j'éprouve d'avoir été
« forcé de prendre la détermination qui met au-
« jourd'hui un terme aux fonctions que j'ai eu l'hon-
« neur de remplir ici comme ambassadeur.

« Mais en terminant, Sire, un service que j'ai
« toujours cherché à remplir avec zèle, et dont je

« me suis acquitté avec une affection toute parti-
« culière, je ne perds pas l'espoir, si Dieu me laisse
« encore quelques jours et me rend un peu de
« forces, de pouvoir donner encore à Votre Majesté
« des preuves du dévouement sans bornes dont
« elle me trouvera toujours animé pour son royal
« service.

« Si jamais Votre Majesté était obligée d'appeler
« autour d'elle ses plus dévoués serviteurs, j'espère
« qu'elle daignerait compter sur moi et agréer les
« efforts que je pourrais faire encore pour lui mon-
« trer combien est sincère mon affection et combien
« est profonde la respectueuse gratitude dont je
« suis pénétré pour les généreuses déterminations
« qu'a daignées prendre Votre Majesté pour récom-
« penser mes services et honorer ma retraite. »

Ainsi se termine la carrière diplomatique du comte de Sales. Il est difficile que les hommes haut placés ne laissent pas dans un sens ou dans un autre des traces de leur passage. En remontant le passé du comte de Sales, à quelque point que l'on s'arrête, on retrouve quelque chose qui donne l'idée de la beauté morale. Cet homme, de qui l'ambition même la plus légitime n'était pas connue, qui ne recherchait que l'obscurité, qui croyait appartenir à son pays et à son prince plus qu'à lui-même, qui s'effaçait par modestie, qui ne consentait à se montrer que par devoir, a pourtant laissé à Berlin, à

Saint-Pétersbourg, à Paris et partout des souvenirs qui portent avec eux l'estime d'une haute vertu. Son nom n'y est prononcé qu'avec respect.

IX.

M. de Sales à Thorens.

Après avoir passé vingt-deux ans dans les cours, dans les grandes capitales de l'Europe, occupé des choses d'État, surveillant les rapports que les puissances avaient entre elles et dirigeant ceux qu'elles avaient avec son prince et son pays, le comte de Sales serait revenu avec plaisir se cacher dans la vallée de Thorens, s'il avait pu y rapporter les forces et la santé qui auraient été nécessaires pour favoriser ses goûts.

Cependant, malgré sa faiblesse, un homme doué d'autant d'intelligence ne pouvait, ne devait pas rester inutile; ne pouvant faire mieux, il suppléait à l'action personnelle par les conseils de sa sagesse. A peine de retour à Thorens, il reprit la direction des travaux d'agriculture auxquels il avait trouvé tant de charmes par le passé. Sous son impulsion, la terre de Thorens ne tarda pas à être renouvelée, et ses exemples furent utiles à toute la vallée. Engraisser les prairies, multiplier les bestiaux et améliorer les races, donner beaucoup à la terre pour lui demander beaucoup, tels étaient les principes qui le guidaient. Son revenu habituel, qui du reste n'était pas considérable, les pensions de retraite qu'il avait obtenues, tout était dépensé sur le sol. Il avait coutume de dire qu'il plaçait ses épargnes dans la terre pour échapper aux banqueroutes des hommes.

Il y avait quelques années que le comte de Sales s'occupait d'agriculture quand se forma en Piémont la fameuse association politique qui, avant de mettre son but au grand jour, le cachait sous les trompeuses apparences d'une société d'agriculture.

Pour préparer le grand mouvement qui échoua en 48, Mazzini avait dit : Associez, associez; et, les associations secrètes ne suffisant pas, on se mit à faire, comme on en fait encore aujourd'hui partout, des associations publiques. Voici comment on procède. Ayez un but ostensible, louable, bon, utile pour la santé, pour la science, pour l'agriculture, pour l'instruction, pour des secours mutuels et des œuvres de philanthropie; organisez des sociétés de progrès ou d'encouragement pour chacune de ces branches; enrôlez tout le monde, et, pour que personne ne soit effrayé, ayez à la tête de ces associations des hommes honorables, des riches, des puissants, en un mot, ce que l'on est convenu d'appeler des conservateurs, de ceux qui payent. Si déjà ces sociétés existent, prenez-en la direction. Ne vous effrayez pas trop des majorités qui vous sont contraires; vous parviendrez facilement à les discipliner. Ayez des réunions nombreuses et fréquentes; que tout s'y fasse par élection. Au premier renouvellement des officiers, proposez des candidats qui appartiennent à la conspiration, et quand vous n'auriez de dévoué à ce parti que le cinq pour cent des membres de l'association, vous parviendrez à en saisir la direction. Pour cela, vous parlerez haut, vous parlerez souvent, vous invoquerez l'opinion; vous serez soutenu par les vôtres, par ceux qui secrètement pensent déjà comme vous, par ceux qui vous craignent, par ceux qui veulent obtenir votre approbation, et enfin par la classe nombreuse des modérés qui tiennent à laisser faire. Une fois que vous aurez la direction, vous en userez pour les progrès du grand œuvre.

Voilà bien, ce nous semble, l'histoire des comices agricoles du Piémont et de toutes les associations scientifiques et philanthropiques, devenues si nombreuses depuis que les conspirateurs les ont mises à l'ordre du jour.

Nous ne savons si cette combinaison si savante est, comme on dit, l'ouvrage de Mazzini ou de tout autre; mais ce qu'il y a de certain c'est qu'elle est un chef-d'œuvre de génie. C'est avoir trouvé le secret de faire faire les révolutions et d'en faire payer les frais par ceux qui ne les veulent pas, et même qui doivent en être les premières victimes.

Le comte de Sales, qui n'avait rien tant à cœur que les progrès de l'agriculture, prit au sérieux les comices agricoles; il fut des premiers à leur donner son nom. Il assistait à toutes les assemblées, et y développait ses idées d'amélioration avec cette lucidité, ce positif qui accompagnait toujours sa parole. Nous l'avons entendu plusieurs fois appuyer sur ce principe : Avant d'augmenter la surface de votre culture, améliorez autant que possible le sol que déjà vous cultivez. Si au lieu de vous donner le trois pour cent, vous pouvez forcer l'hectare de votre champ à vous donner le douze, vous aurez quadruplé votre revenu sans augmenter votre travail. On vous conseille de défricher les terres qui ne sont point en culture. Pourquoi augmenter la quantité de terrain mal cultivé? Quand vous en aurez davantage, vous le cultiverez plus mal encore, et, au lieu d'augmenter votre produit, vous n'aurez augmenté que votre peine. Le terrain à défricher ne s'en ira pas, vous le trouverez toujours; commencez par améliorer celui que vous avez.

Pour arriver à ce but, le comte de Sales voulait surtout perfectionner le premier instrument de l'agriculture, la charrue. Dans le congrès général des comices d'agriculture, qui eut lieu en 1845 dans la vallée d'Annecy, il proposa un concours dans lequel se ferait un essai de toutes les charrues du pays comparées à la charrue belge, qui fut dès cette époque fortement encouragée par lui et par les agronomes les plus distingués de la Savoie.

Pour cette épreuve, le comte de Sales offrit sa campagne de Metz, où il invita à dîner tous les membres du congrès, qui y furent plus de deux cents. Mais il faut dire que cette réunion fut seulement et franchement agricole, et nullement révolutionnaire. En Piémont, où les comices étaient patronés par des avocats, des procureurs, et beaucoup de gens sans terre, le travail de conspiration était le principal, et l'agriculture l'accessoire. En Savoie, c'était précisément le contraire. Une fois ou deux seulement les idées tentèrent de se produire; mais elles furent reçues avec tant de froideur et même de dégoût qu'elles rentrèrent dans l'ombre.

Le comte de Sales, à qui l'on voulait inspirer quelques doutes sur le but secret de cette vaste institution, repoussait ces craintes. Sa loyauté et sa droiture refusaient de voir de la perfidie sous de si honnêtes apparences. Mais quand il vit en 47 et 48 cette vaste association se dissoudre, et ses membres courir au butin que leur promettait la victoire, il se prit à dire : Ce n'est pas la première fois que les gens de bonne foi sont dupés par des fripons; ne gardons cependant le souvenir que du bien que nous avons pu faire à notre pays.

X.

M. de Sales à Sallanches.

Au 19 avril 1840, la Savoie fut attristée par la nouvelle de l'incendie de l'antique ville de Sallanches, qui autrefois jouissait d'une certaine aisance, et surtout était fière d'une liberté qui la rendait chère à tous ses habitants. Le désastre était complet; de tout ce qui pouvait devenir la proie du feu, il ne restait pas de quoi charger un homme. Plus de deux mille habitants erraient autour des ruines fumantes de leurs maisons, sans asile, sans pain et sans vêtements.

A cette nouvelle, le cœur de Charles-Albert fut vivement contristé. Son premier élan fut de se priver d'une jouissance en faveur de ses sujets malheureux. Il résolut de consacrer aux incendiés de Sallanches une somme de trois cent mille francs qu'il destinait à des exercices militaires, auxquels il trouvait toujours un grand plaisir.

L'exemple du roi allait bientôt être suivi. Les secours pécuniaires ne manquaient pas de venir; mais il était peut-être plus difficile de les bien employer que de les obtenir. Nourrir cette population, soutenir son énergie, la mettre à couvert des injures du temps, interroger des ruines pour y trouver les intérêts de chacun, et faire présider la justice plus que la force à tous les arrangements à prendre pour rebâtir une ville et y assigner à chacun une demeure, ce n'était pas chose facile. Charles-Albert, dont tous les actes administratifs étaient marqués au coin de la sagesse, sentit qu'il avait besoin, sur ce théâtre de malheur et de souffrance, d'un homme investi d'assez de pouvoir pour vaincre les obstacles, et riche d'assez d'intelligence et de vertu pour ne point en abuser. Il lui fallait à Sallanches un autre lui-même, et cet autre lui-même il le trouva dans le comte de Sales. Voulant qu'il devînt le restaurateur de cette cité, il l'envoya comme son commissaire, avec de pleins pouvoirs pour trancher toutes les difficultés qui pourraient se présenter.

Quelque mauvais que fût l'état de sa santé, il ne put se refuser à un sacrifice dont sa patrie était l'objet. Il partit aussitôt pour Sallanches. La population tout entière, ayant à sa tête les conseillers municipaux, accourut au-devant de lui, comme au-devant d'un sauveur. L'orateur qui le complimenta disait en lui montrant les décombres de la ville incendiée : « Il y a quelques jours, Monsieur le comte, il y
« avait des toits à la place de ces ruines, et c'est sous

« ces toits que nous habitions ; aujourd'hui nous
« n'avons pas d'autre habitation que la voie publi-
« que, où vous nous voyez ; mais en voyant venir
« à nous l'illustre représentant d'un grand roi, l'espé-
« rance renaît dans nos cœurs. Le nom que vous por-
« tez, Monsieur le comte, ce nom si cher à la religion
« et à la Savoie, suffirait à lui seul pour nous dire
« tout ce que nous devons attendre de votre charité
« et de votre dévouement. Votre bonté nous apportera
« des consolations qui seront aussi grandes que nos
« maux. »

Combien de pleurs accompagnaient ce discours !

Toutes les fois que M. de Sales agissait au nom du roi, il le faisait avec cette ancienne courtoisie qui savait s'effacer devant l'autorité ; mais surtout avec ce désir franc et sincère d'attirer sur elle le respect du peuple et de lui inspirer de la reconnaissance et de l'amour pour la royauté. Aussitôt après son arrivée à Sallanches, il écrit à monseigneur l'évêque d'Annecy : « Je suis à Saint-Martin, où j'ai pu
« m'abriter dans une chambre de l'auberge. J'y ai
« trouvé M. l'intendant avec les personnes qui l'ont
« aidé jusqu'ici dans le travail qu'il a dû faire. Cette
« assistance me suffit.

« Le conseil est venu me recevoir à mon arrivée.
« Je lui ai dit que je venais de la part du roi pour
« faire connaître aux habitants de Sallanches toute la
« sollicitude que leur malheur lui inspire. Je viens

« donc vivre et m'identifier avec vous, ai-je ajouté,
« afin de mieux connaître vos besoins et pouvoir
« ensuite les exposer au roi dans toute leur étendue.
« Je ne viens donc pas représenter la grandeur qui
« l'entoure, mais bien vous demander de la recon-
« naissance pour ses bienfaits. »

Dans une lettre du 1er mai, adressée au même, il
dit : « Il m'a paru convenable de faire connaître la
« lettre du roi, afin de donner plus de confiance à
« tant de malheureux, à qui rien ne reste excepté
« l'espérance. Il nous a paru à l'intendant et à moi
« qu'il était convenable de la mettre dans une circu-
« laire adressée à tous les syndics de la province.
« Je vous l'envoie donc pour que vous ayez l'obli-
« geance d'en surveiller l'impression, afin que pas
« un mot ne soit changé dans les paroles du roi. »

Nous donnons ici cette lettre, qui rend visible à
l'esprit le cœur d'un bon roi.

« Turin, 25 avril 1840.

« A M. le comte de Sales à Annecy,

« Désirant soulager autant qu'il est en notre pou-
« voir le sort des malheureux habitants de Sallan-
« ches, je crois ne pouvoir mieux faire, mon cher
« comte, que de vous charger de diriger, dans ce
« moment difficile, toutes les dispositions qui de-
« vront être prises et tous les secours qui pourront
« être donnés. J'éprouve dans l'affliction dont mon

« âme est navrée un soulagement en pensant que
« je remets à votre piété et à votre sagesse des soins
« dont je regrette, en ce moment, de ne pouvoir
« m'occuper moi-même.

« Faites mes amitiés à l'évêque d'Annecy, et croyez,
« mon cher comte, à ma bien sincère affection. »

Signé : Charles-Albert.

Le lendemain de cet envoi, il récrivait à l'évêque :
« Il m'est venu un scrupule sur la convenance d'un
« mot qui se trouve employé dans l'écrit que j'ai eu
« l'honneur d'adresser hier au soir à Votre Gran-
« deur. Il me semble qu'il est impropre de dire :
« Un descendant de saint François de Sales, on pour-
« rait remplacer cela en disant : Un héritier du nom
« de saint François de Sales. Votre tact si sûr, Mon-
« seigneur, vous fera bien deviner ce qui sera plus
« convenable. Je laisse donc le tout à votre pré-
« cieux discernement; seulement, comme votre im-
« mense bienveillance pour moi m'est parfaitement
« connue, je dois vous prier de n'ajouter aucun ad-
« jectif à ce qui me concerne.

« Je pense, Monseigneur, qu'il y aurait de la con-
« venance à envoyer un exemplaire de cet imprimé
« au *journal de Savoie*, afin de faire connaître la
« sollicitude du roi pour ses malheureux sujets de
« Sallanches. Les personnes royales sont souvent si
« injustement appréciées qu'il me semble qu'il y a

« pour nous une véritable obligation à faire con-
« naître les nobles sentiments qui les animent
« quand les besoins de leurs sujets les obligent à
« manifester leurs pensées. Vous me connaissez
« assez, Monseigneur, pour croire que ce n'est point
« à moi que je pense en demandant cette publica-
« tion. Je suis bien plus accablé sous le poids des
« charges que le roi me donne que je ne suis tenté
« de m'enorgueillir de la confiance qu'il me témoi-
« gne. Si donc vous approuvez ce projet, veuillez
« le mettre à exécution en ne faisant précéder cet
« article que de deux ou trois lignes pour rappeler
« le malheur des pauvres habitants de Sallanches.

« Tout ce qu'on a pu vous mander sur la destruc-
« tion de Sallanches est bien au-dessous de la réa-
« lité. Ce qui a été atteint par le feu, c'est la ville
« entière; on ne trouverait pas dans la ville de quoi
« charger un chariot de bois. On a déjà extrait
« quarante-sept cadavres, et comme les fouilles ne
« sont pas finies, on ne sait pas combien en contient
« encore ce vaste tombeau. Que Dieu nous conserve
« au moins l'énergie pour que nous puissions es-
« sayer quelques réparations. »

Dès le premier jour de son arrivée, le commissaire royal saisit d'un coup d'œil plein de justesse tout ce qu'il avait à faire, et il fit tout marcher à la fois. Avoir du pain, des aliments pour tout le monde, établir des ateliers de travail et donner de l'ouvrage

à tous les hommes valides, établir une comptabilité stricte pour les recettes, les dépenses et les noms des donateurs, faire faire des expertises, des acquisitions de gré à gré, ce fut l'œuvre de quelques jours. Cependant il ne faisait rien à la légère. A quelqu'un qui demandait un emplacement, il répondait : « Attendez ; ces ruines, toutes ruines qu'elles
« sont, ont appartenu à une maison qui avait un maître
« ou peut-être plusieurs ; il faut donc qu'elles soient
« estimées et acquises avant que nous puissions en
« disposer. »

L'une des opérations les plus difficiles était sans contredit de déterminer l'emplacement où l'on bâtirait la ville. On avait consulté beaucoup de personnes, et les avis étaient fort divisés. Avant de se déterminer, le comte de Sales fit examiner l'état des murailles, de la voûte de l'église et du clocher. On reconnut que tout pouvait être restauré. Il en fit autant pour le presbytère, qui avait moins souffert que le reste de la ville. La maison commune pouvait elle-même être facilement mise en état de service. Ces trois édifices, qui doivent être comme un centre, puisqu'ils réunissent les intérêts les plus chers de la population tout entière, devaient naturellement influer beaucoup sur le choix de l'emplacement de la nouvelle ville. Voici ce qu'écrivait le comte sur ce sujet :

« L'église, la cure, l'hôtel de ville existant, il faut

« nécessairement que la ville parte de là. Ensuite, si
« l'on veut que les habitants qui ne sont pas des ren-
« tiers, mais qui ont besoin d'exercer une petite in-
« dustrie, puissent vivre, il faut bien faire en sorte
« que la ville soit dirigée vers le point que le com-
« merce est appelé à fréquenter par la direction des
« routes. C'est la nature qui prépare l'emplacement
« des villes, les hommes n'ont qu'à le reconnaître.
« Ici l'emplacement est marqué par le point où
« aboutissent les trois routes de Saint-Martin, de
« Saint-Gervais et de Mégève. Si l'on portait les
« constructions du côté de Saint-Joseph, on pourrait
« faire une jolie petite ville bien propre, bien aérée ;
« mais elle serait silencieuse, il ne s'y ferait aucune
« affaire. Au lieu de s'enfouir dans ce cul-de-sac, le
« commerce irait se fixer vers la jonction des routes ;
« il s'y bâtirait des auberges, des magasins, il y fe-
« rait la ville. C'est donc là qu'il faut la poser si
« nous voulons qu'elle prospère. Donc, à mon avis,
« la ville doit s'étendre depuis l'église jusqu'au point
« le plus favorisé par le commerce, en s'élargissant
« de manière à ne manquer ni d'air ni de lumière. »

C'est ce qui a été exécuté.

Le comte de Sales tenait tout le monde en activité ; il surveillait tous les travaux, mettait de
l'ordre dans les démolitions et le transport des
matériaux, assistait au tracé des rues, dictait, pour
ainsi dire, les transactions, apaisait les querelles,

entretenait une correspondance très-étendue et excitait la charité de tous les grands du siècle qui lui étaient connus.

Il éprouva de fortes contradictions ; mais il allait à son but avec une impartialité dont aucun sentiment ne pouvait le détourner, pas même l'amitié.

A l'évêque d'Annecy, son ami intime de quarante ans, qui lui demandait de faire agrandir la cure qui était trop petite, il répondait : « Monsei-
« gneur, quand les besoins sont généraux, quand
« ils sont extrêmes, la justice veut que l'on aille
« aux plus pressants. M. le curé est moins mal-
« heureux que les autres ; ayant été le dernier in-
« cendié, il a pu sauver tout son mobilier. Un
« couvert provisoire l'a mis à l'abri des injures
« de l'air. Avant de songer à agrandir la demeure
« de ceux qui en ont une, songeons à en donner
« une à ceux qui n'en ont point. Je suis sûr d'a-
« vance, Monseigneur, que votre tendresse pour
« tous vos enfants de Sallanches vous fera approu-
« ver ma manière de voir. »

Les habitants de Sallanches devaient au roi des remercîments pour les secours et pour le commissaire qu'il leur avait envoyés ; ils lui adressèrent la lettre suivante.

« Sire,

« Les habitants de Sallanches sont à peine revenus

« de la stupeur dans laquelle les a jetés le coup
« terrible dont vient de les frapper la Providence.
« Le premier mouvement de leurs âmes, après une
« si épouvantable catastrophe, les porte au pied
« de votre trône, pour y déposer l'hommage de
« leur respect, de leur amour et surtout de leur
« reconnaissance. C'est de là que nous sont venues
« les plus grandes consolations.

« Que nous sommes heureux, Sire, de vous avoir
« pour roi, ou plutôt pour père ! Quel ordre admi-
« rable règne dans vos États ! Dès le lendemain de
« ce funeste incendie, nous avons vu l'intendant
« de notre province accourir au milieu de nous
« pour essuyer nos larmes, nous procurer des
« vivres et des vêtements, pour établir l'ordre,
« M. le commandant est ensuite venu dans la même
« journée prescrire des mesures de police nécessai-
« res dans ces tristes circonstances. Peu de jours
« après, M. le gouverneur de la Savoie, vieillard
« vénérable, est venu pleurer avec nous sur les
« ruines de notre ville, et nous apporter vos roya-
« les consolations. Combien nos cœurs ont été tou-
« chés des sacrifices que Votre Majesté a faits en
« notre faveur ! Mais ce qui excite encore plus notre
« reconnaissance et surtout notre amour, c'est l'il-
« lustre comte de Sales, qui vient vous représenter
« au milieu de nous. Sa présence fait un bien
« inexprimable à nos cœurs flétris par la douleur.

« Il a sur la figure, dans son port, dans son langage
« la noblesse, la grâce la bonté de notre grand et
« cher saint François ; il nous console, il nous di-
« rige, il nous parle comme un ange ; il conciliera
« tous les esprits ; il réparera tous nos maux. Soyez
« béni, Sire, de nous l'avoir envoyé. Jamais le sou-
« venir de vos bienfaits ne s'effacera de notre mé-
« moire ; nous les raconterons à nos enfants ; nous
« les consignerons dans nos archives, afin que nos
« arrière-neveux puissent encore bénir le nom de
« Charles-Albert. »

Après deux ans de séjour au pied du mont Blanc et des travaux continuels, la santé de M. de Sales était plus fortement altérée qu'elle ne l'était à son départ de Paris ; mais la ville de Sallanches avait repris naissance, plus grande, plus belle et mieux disposée qu'elle ne l'était avant sa destruction. Si l'on pouvait adresser un reproche à l'infatigable commissaire royal qui a présidé à sa reconstruction, ce serait de lui avoir donné de trop vastes proportions.

Nous ne saurions mieux terminer ce chapitre qu'en citant le passage d'une lettre que lui adressait S. Ex. le ministre de l'intérieur, au 9 novembre 1840. « J'ai rendu compte au roi de la
« fin de vos travaux à Sallanches et de la manière
« dont vous avez su tout concilier, tout finir à l'aide
« de la persuasion et de la douceur, sans avoir fait

« usage des pouvoirs qui vous étaient confiés, et
« cela malgré les contradictions qui ne vous ont pas
« manqué. Le roi vous sait un gré infini de toutes
« les peines que vous vous êtes données ; il a ap-
« plaudi à l'œuvre de charité que vous avez si glo-
« rieusement achevée ; il n'attendait pas moins de
« vous et de l'esprit qui vous anime. Mais je revien-
« drai encore une fois sur tout cela. »

Signé : DE PRALORME.

Les difficultés que rencontra le commissaire royal, et dont parle ici S. Ex. le ministre de l'intérieur, provenaient de la fermeté qu'il mettait à ne vouloir laisser construire que des maisons régulières et convenables. S'il eût laissé aux habitants la liberté d'employer à leur gré les sommes dues à la charité publique, chacun se serait logé à sa manière ; on aurait vu s'élever sans goût, sans ordre, sans solidité, une foule de baraques qui auraient fait naître l'idée d'un camp de sauvages plutôt que celle d'une ville. Le comte de Sales avait des idées d'avenir, il a fondé pour l'avenir ; il est presque naturel que les passions du présent ne lui aient pas tenu compte de ses intentions, et ne lui aient pas pardonné de les avoir si peu consultées.

XI.

Le comte de Sales rappelé aux affaires.

Quand un homme de talent, de vertu et de dévouement, après avoir rendu de grands services à sa patrie, a été écarté des affaires par la disgrâce ou par le besoin de repos, un certain vent se met à souffler sur la région qu'habitent les hommes politiques et y porte des espérances ou des regrets. Les ambitieux qui se croient toujours attardés dans leur carrière, les médiocrités qui ne peuvent supporter de se voir effacées, les prétentions jalouses, les moralités douteuses pour qui la vue d'une intégrité sans tache est toujours la cause ou l'occasion d'un remords se réjouissent et voient au moins la possibilité d'un succès à obtenir, d'un pas à faire. Les hommes au contraire qui trouvent placé dans leur cœur l'amour du prince et de la patrie au-dessus de leurs propres intérêts sont attristés et font des efforts pour conserver aussi longtemps que possible à la société l'homme de bien qui l'a longtemps servie. Pour l'honneur de notre pays, nous aimons à croire que la retraite forcée de notre illustre compatriote n'a fait éprouver que des regrets ; c'est avec une bien grande consolation que nous en trouvons une preuve dans les tentatives si pressantes qui ont été faites pour le rappeler aux affaires.

Le comte de Sales, âgé de soixante-deux ans, accablé d'infirmités, était à Thorens sans autre désir que celui de donner de bons exemples aux habitants du village à qui il faisait encore tout le bien qui dépendait de lui.

Une place de président au conseil d'État allait devenir vacante par la retraite que demandait un vieux et fidèle serviteur du roi, M. Alexandre de Saluces. M. le comte de Pralorme, alors ministre de l'intérieur et l'un de ces hommes qui joignent à une haute intelligence un dévouement parfait à la chose publique, pensant que le comte de Sales pourrait encore remplir ces fonctions, lui écrit la lettre suivante le 24 octobre 1840 :

« Monsieur le comte,

« Quoique nous ayons passé fort peu de temps
« ensemble, j'aime à croire, Monsieur le comte,
« que vous avez quelque amitié pour moi, comme
« vous êtes persuadé, je l'espère, que j'ai pour vous
« un attachement sincère et une véritable vénération.

« D'après ces antécédents, je n'ai pas hésité à
« me charger de vous faire une ouverture, au suc-

« cès de laquelle tous ceux qui vous sont attachés,
« tous les bons serviteurs du roi, tous les vérita-
« bles amis de notre patrie attachent la plus grande
« importance.

« Il s'agit de la place de président de la section
« de l'intérieur au conseil d'État, laquelle va devenir
« vacante par la retraite du comte Alexandre de
« Saluces. *Je ne puis douter* que le roi ne désire vi-
« vement que cette place, réservée pour un ministre
« d'État, ne soit remplie par vous. Je dois ajouter
« qu'en l'acceptant vous rendrez un immense ser-
« vice au roi et à l'État.

« Cette place honorable est importante à cause de
« l'influence qu'elle assure à la personne qui en est
« revêtue, particulièrement dans les moments où le
« roi n'a près de lui que peu de personnes capables
« de l'aider de leurs conseils dans *les graves com-*
« *plications* qui se préparent. Elle n'est pas telle-
« ment surchargée de besogne matérielle que la santé
« d'un homme de notre âge ne puisse y suffire sans
« en souffrir.

« Les affaires dont on doit s'occuper dans cette
« section sont de la nature de celles auxquelles
« vous avez si souvent pris part, et dans lesquelles
« vous avez rendu de si loyaux services, comme
« j'ai pu m'en convaincre depuis que je suis au mi-
« nistère.

« Pour les affaires qui se traitent au conseil géné-

« ral, quand elles ont été élaborées par les hommes
« spéciaux des sections de justice et de finance,
« elles ont particulièrement besoin d'être examinées
« et jugées par de véritables hommes d'État, habi-
« tués depuis longtemps à voir les choses d'en haut
« et en grand ; des hommes étrangers aux partis qui
« divisent notre pays, des hommes justes à la fois,
« énergiques et impartiaux. . . . .

. . . . . « Je dois ajouter, pour ne rien vous lais-
« ser ignorer, qu'outre les services que vous avez
« rendus à l'État par vos connaissances si vastes et
« si variées, par votre habitude des affaires, vous
« en rendrez encore un véritable au roi et au pays
« par le seul fait de votre acceptation.....

« Il convient de prévoir toutes les difficultés, et
« même celles auxquelles vous ne pensiez pas. C'est
« la raison pour laquelle j'aborde celle-ci.

« Le roi m'a déjà dit deux fois qu'il vous desti-
« nait le collier de l'Ordre. Or, je ne voudrais pas
« que cette circonstance vous parût incompatible
« avec les fonctions de président ; car la seule per-
« sonne à qui vous auriez à céder le pas dans ce con-
« seil, ce serait le vice-président du conseil, comte
« de Latour, qui, en sa qualité de doyen des cheva-
« liers de l'Ordre, a le pas sur tous et après les prin-
« ces du sang. . .

« Je crois, mon cher comte, avoir épuisé la ma-
« tière ; je ne vous dirai plus qu'un seul mot, c'est

« qu'en mon âme et conscience je pense que vous
« ne devez pas refuser au roi et à votre patrie le nou-
« veau sacrifice qu'on vous demande.

« Vous aurez peut-être besoin d'un délai, surtout
« après la longue et pénible mission de Sallanches ;
« mais ceci ne serait point une difficulté. Donnez
« votre assentiment, et pour tout le reste comptez
« sur un ami qui vous est dévoué. Ceci soit dit sous
« le rapport des affaires, comme sous celui de tous
« les arrangements de maison ou d'intérieur dont
« vous pourriez, en cas d'affirmative, avoir besoin,
« et pour lesquels je me mets à votre disposition
« franchement et sans réserve.

« Donnez-moi, dès que vous le pourrez, une ré-
« ponse consolante ; ce sera un véritable bonheur,
« une consolation pour moi, que d'avoir eu une pe-
« tite part dans votre décision, etc. »

Signé : de PRALORME.

Un autre homme de bien, que la Savoie comptait alors au nombre des serviteurs du roi les plus
dévoués et les plus intelligents, M. le comte Avet, se
joignit à M. le comte de Pralorme pour décider M. de
Sales à accepter. « Je ne puis, disait-il dans une
« lettre du même jour, que tracer à la hâte quelques
« lignes, pour vous adjurer, au nom de l'intérêt de
« la monarchie et du pays, de vous prêter aux
« combinaisons qui vous appellent à une présidence

« du conseil d'État. Nous attendons votre réponse
« avec anxiété. »

Hélas! la réponse ne pouvait être que négative. La santé du comte de Sales était telle qu'il ne pouvait plus ni marcher ni rester assis. « Si je n'avais
« à examiner, disait-il à M. le comte de Pralorme,
« que les moyens intellectuels que je puis offrir à la
« place que vous m'offrez, je ne m'arrêterais pas
« même devant leur insuffisance, persuadé que,
« quand je serais là où la volonté de mon roi m'au-
« rait appelé, mon zèle, mon dévouement et mon
« amour pour son service pourraient suppléer à ma
« faiblesse et me rendre moins indigne de la con-
« fiance qu'il m'aurait montrée. Si vous croyez de-
« voir, mon cher comte, faire part de ma réponse à
« celui que, comme sujets fidèles, nous devons ser-
« vir jusqu'à la dernière extrémité, dites-lui, en me
« mettant à ses pieds, combien il est cruel pour
« moi d'être obligé de vivre encore sans pouvoir le
« servir comme il serait disposé à l'agréer. »

Dans un temps où l'on court après les places comme après une proie, où elles sont devenues un objet de spéculation, il est impossible de ne pas éprouver un certain sentiment d'estime en voyant trois hommes d'autant de mérite envisager les emplois non comme une occasion favorable d'acquérir de la fortune, des honneurs ou du pouvoir, mais comme un moyen de remplir le plus sacré de tous les devoirs, celui de servir sa patrie, de s'associer au prince pour l'aider à faire le bonheur de son peuple. Cet amour du pays et du prince allait, dans le cœur du comte de Sales, jusqu'à l'enthousiasme; sa personnalité disparaissait toujours devant l'intérêt de la patrie.

Quand la nation avait des hommes à elle, des hommes qu'elle marquait de son sceau en les appelant gentilshommes, hommes de la nation, elle pouvait espérer d'être servie avec amour, sans être dévorée par le salariat qui a tout atteint jusqu'aux fonctions de législateur, lesquelles semblaient devoir être toujours *honorables*, au lieu de devenir *salariables*; on se rendait compte d'un dévouement qui, à force de devenir rare, cessera bientôt d'être compris.

De nouvelles instances vont se faire pour arracher au repos un homme dont on connaissait la puissance morale pour le bien. Par une lettre du 7 avril, S. Ex. le ministre de l'intérieur annonce au comte de Sales que Sa Majesté l'a nommé sénateur du royaume. Il repousse encore cet honneur, et, après avoir exposé l'état de sa santé, il ajoutait : « Dans une telle situation, Votre Excel-
« lence comprendra combien c'est pour moi un de-
« voir rigoureux de ne pas accepter un emploi
« que je ne pourrais remplir que fictivement et au
« détriment du service public, qui a besoin plus que

« jamais, dans les grandes circonstances qui vont
« se présenter, que chacun puisse complétement et
« assidument remplir son devoir. Pour ces motifs,
« qui seront sûrement appréciés par Votre Excel-
« lence, je la prie de mettre ma situation sous les
« yeux de Sa Majesté, afin que notre auguste et
« bien-aimé souverain sache bien que ce n'est que
« par force majeure et avec bien du regret que je
« me vois réduit à n'être d'aucune utilité pour son
« service et celui de l'État. »

Son refus ne fut pas accepté. Le ministre lui récrivit encore au 20 avril : « Le roi, lorsqu'il vous a
« choisi pour être sénateur, n'ignorait pas combien,
« depuis quelques années, votre santé avait souffert;
« mais, conservant le doux espoir de vous voir rétabli avec le temps, il ne voulait pas que le sénat
« fût privé d'une personne dont le nom est si beau
« dans les annales de la Savoie, et que vous avez
« conservé intact et rendu plus brillant par de
« longs, honorables et très-importants services. Par
« conséquent, les motifs que vous apportez pour être
« dispensé d'accepter une dignité que le roi, dans
« sa haute sagesse, vous a conférée, ayant été pré-
« vus, il m'est impossible de présenter à S. M. les
« instances que Votre Excellence m'adresse, ayant
« la conviction intime que le roi ne se résignerait
« pas à renoncer aux lumières, à l'expérience et au
« dévouement dont vous avez donné des preuves

« si éclatantes dans votre carrière au service du
« trône et de l'État. »

Le comte de Sales persiste dans son refus, et voici comment il le motive dans une lettre du 26 avril :

« Monsieur le marquis,

« Les termes si bienveillants, si honorables pour
« moi que Votre Excellence a bien voulu employer
« pour m'engager à revenir de la détermination que
« je lui ai fait connaître m'auraient certainement
« engagé à prendre le parti qu'elle me conseille si
« l'exposé que j'ai dû lui faire sur mon état de santé
« était moins réel.

« Habitué comme je l'ai toujours été à donner au
« roi toutes les preuves de soumission, de profond
« respect et de dévouement qu'il était dans mon de-
« voir de lui rendre, dominé aussi par les senti-
« ments de reconnaissance dont mon cœur est péné-
« tré pour les bontés dont il m'a si souvent com-
« blé, je n'aurais rien trouvé en moi qui eût pu,
« dans cette circonstance, m'engager à lui refuser
« mes services s'ils avaient pu être de quelque uti-
« lité au roi et à l'État...

« J'ai atteint l'âge de soixante-dix ans. Depuis
« plus de vingt ans je lutte contre des indispositions
« qui sont parvenues à m'ôter toute force et pres-
« que la disponibilité de tout mouvement. C'est au
« point que si je me rendais à Turin pour y occuper

« le poste important où j'ai été appelé, il ne me
« serait probablement pas possible d'assister à une
« seule séance du sénat. »

« Oh ! si quelque force physique me restait en-
« core, ce ne serait pas seulement à Turin que je
« me serais empressé de me rendre, où j'aurais eu
« l'ambition de me trouver ; ce serait auprès du
« roi, pour être à ses côtés sur le champ de bataille,
« partager ses dangers, comme le font tous les bra-
« ves qui l'entourent. Cette position, qui aurait
« satisfait les plus vifs désirs de mon cœur, a été
« l'objet d'un vœu que j'avais formé et depuis
« longtemps manifesté au roi, qui avait daigné
« l'agréer pour le moment où se présenterait l'oc-
« casion ; et cette occasion n'apparaît pour moi
« qu'au moment où Dieu ne me laisse plus la force
« d'en profiter !...

« Sans cesse occupé de ces pensées et des graves
« intérêts de notre pays, je ne lui refuserais pas le
« concours de mon dévouement ; mais dans la
« conviction où je suis que je ne pourrais jamais
« être utile comme sénateur, Votre Excellence com-
« prendra que c'est un devoir sacré pour moi de le
« dire hautement, et de me refuser à retenir les hon-
« neurs d'une haute position, pour que le gouverne-
« ment n'encoure pas le blâme d'appeler à des em-
« plois des titulaires incapables de les remplir.

« Soyez donc assez bon, Monsieur le marquis,

« pour faire connaître au roi ma détermination et ses
« motifs. J'ose espérer que, même dans cette déter-
« mination, S. M. trouvera la preuve d'un dévoue-
« ment qui lui est connu, et qu'elle me saura gré
« d'avoir préféré ce qui doit être à l'avantage de
« son gouvernement plutôt que de retenir à mon
« profit ce qui ne serait, à mes yeux et à ceux
« du public, qu'une faveur particulière pour hono-
« rer ma vieillesse... Agréez, etc. »

Le désintéressement du comte de Sales était porté aussi loin qu'il peut l'être dans un cœur qui apprécie les choses matérielles par le bien que l'on peut en tirer plutôt que par le plaisir que peut en donner la possession. L'affaire d'argent, qui est la première pour tant de monde, était toujours la dernière pour lui. Après le sentiment religieux, qui dominait dans son âme, venait immédiatement se placer l'honneur, l'amour du prince et le dévouement à son pays. Quand l'un de ces motifs commandait, rien ne pouvait le retenir ni l'émouvoir. La fortune qu'il tenait de sa famille s'élevait à peine à neuf ou dix mille francs de rente, et, après avoir travaillé et occupé les plus hautes fonctions pendant trente-cinq ans, c'est ce qu'il a laissé à son héritier; mais, si ces trente-cinq ans n'ont rien ajouté à sa fortune, ils ont fait beaucoup pour son pays, pour son roi et pour sa propre gloire. Cependant il n'était pas un dissipateur; mais il savait allier à l'ordre, à l'économie, la grandeur et la générosité. Il avait trop de tact, trop de délicatesse pour rester en deçà des convenances, et trop de prudence pour dépasser ses moyens.

Quand on dut transporter les reliques de saint François de Sales dans la nouvelle église de la Visitation, il voulut à lui seul faire les frais de la châsse, qui lui coûta dix mille francs.

Pendant les deux ans qu'il a donnés à la restauration de Sallanches, les courses, les séjours et bien d'autres choses se faisaient à ses frais; il n'aurait consenti ni à un traitement ni à des indemnités. Deux fois S. Exc. le ministre de l'intérieur lui demanda une liste de toutes les dépenses personnelles qu'il avait été dans la nécessité de faire, afin de les lui rembourser, deux fois il répond qu'une œuvre de charité ne doit pas être entachée de motifs d'intérêt. Charles-Albert, voulant lui témoigner sa reconnaissance, lui donna une boîte enrichie de diamants. Comme s'il avait redouté qu'il n'y eût une espèce de simonie à garder le prix d'une œuvre de dévouement, le comte demanda au roi la permission d'en disposer en faveur des incendiés ; elle fut vendue, et les dix mille francs qu'il en retira vinrent accroître les ressources des malheureux Sallanchois.

Le comte de Sales était aussi économe des deniers de l'État que des siens propres. Dans un siècle où des nuées des spéculateurs tombent sur la for-

tune publique, où le principe reçu est qu'il faut mettre du foin dans ses bottes pendant que l'on est dans la position favorable pour le faire, on aura de la peine à comprendre qu'un homme ait pu traverser les chances les plus favorables à la fortune sans jamais se baisser pour ramasser ses faveurs, et qu'il puisse être arrivé à la fin de ses jours sans avoir rien ajouté au petit patrimoine qu'il avait eu au commencement. En lui donnant une mission pour les Pays-Bas, S. Exc. de Vallèse, ministre des affaires étrangères, lui écrivait au 25 septembre 1816 : « Le règlement qui a été adopté vous alloue
« quinze cents francs pour vos frais d'établissement ;
« il me paraît que vous pouvez employer cette
« somme à l'achat d'une voiture, qui vous restera en
« propriété. Les frais de voyage vous seront alloués...
« Lorsque vous m'en aurez fait connaître le mon-
« tant aproximatif, je prierai S. Ex. le marquis Alfieri
« de vous en avancer le payement.

« Les besoins de l'État exigent une économie ri-
« goureuse ; c'est la raison qui m'empêche de vous
« allouer les frais du voyage que vous venez de faire
« à Chambéry, et qui n'a pas été, ainsi que votre
« délicatesse vous a fait un devoir de le dire, entre-
« pris pour le seul service du roi. »

Le comte de Sales repondait au 1er octobre suivant :

« Je désire que Votre Excellence soit bien persua-

« dée qu'en aucune circonstance je ne m'écarterai
« de la stricte économie avec laquelle on doit dé-
« penser les deniers de l'État. »

Combien les peuples seraient heureux si leurs intérêts étaient toujours placés entre des mains si pures, confiés à des hommes d'une délicatesse aussi exquise et d'un dévouement aussi parfait!

Il employait les riches traitements attachés à ses emplois et les pensions qu'il avait gagnées à vivre honorablement; et, pour lui, vivre honorablement, c'était dignement représenter son prince et faire, dans la mesure de ses facultés, du bien à ceux qui souffrent. Comme général en retraite, le comte de Sales jouissait sur le trésor d'une pension de deux mille livres. Dès le 1er janvier 1850, attristé du déplorable état de nos finances il écrit à S. Exc. le ministre de la guerre pour lui dire qu'il renonce en faveur de l'État à sa pension de retraite militaire. Le ministre lui répond, en date du 15 janvier 1850 :

« Dans l'audience d'hier, j'ai fait part à S. M. de
« l'abandon que Votre Excellence fait à l'État de sa
« pension de retraite et des paroles si pleines de
« cœur qui accompagnent ce généreux renoncement.

« S. M., en acceptant cette offre, m'impose l'a-
« gréable devoir de vous dire combien son cœur de
« roi a été sensible à ce trait de générosité, qui lui
« fait apprécier la noblesse de vos sentiments et le
« vif amour que vous portez à votre patrie.

« Je dois à mon tour vous prier de me permettre
« d'insérer dans le journal officiel un renonce-
« ment qui, tournant au profit du trésor public, mé-
« rite d'être connu comme un exemple de vertu
« civique utile au pays.

« *Signé :* Alphonse de Lamarmora. »

Le comte de Sales répond le 18 du même mois :

« Monsieur le chevalier,

« Puisque Votre Excellence a la bonté de me de-
« mander mon assentiment sur la publication de la
« lettre que je lui ai adressée dernièrement, elle me
« permettra de lui dire que j'aurais la plus grande
« peine à y consentir. Ma position de fortune parti-
« culière ne me permettant pas de faire le sacrifice
« de tout ce que je reçois du trésor royal, il me sem-
« ble que ce que j'abandonne est trop peu pour mé-
« riter une mention spéciale.

« Quant à moi, il suffit que Votre Excellence ait
« fait connaître au roi mes intentions, et que S. M. ait
« daigné les apprécier comme celles d'un sujet
« fidèle et dévoué qui voudrait pouvoir faire da-
« vantage pour son service. »

Nous aurions beau chercher, dans la volumineuse correspondance qui a passé sous nos yeux, des traces d'ambition de fortune, il est impossible d'y trouver un mot qui ne respire le désintéressement le plus complet. La seule chose qu'il ait demandée à son roi, ce sont deux chevaux, et voici à quelle occasion :

En l'envoyant en 1815, comme son commissaire, au quartier général des armées alliées, le roi Victor-Emmanuel avait mis à sa disposition deux chevaux qui appartenaient au gouvernement, et dont il se servit pendant la campagne, et, ses deux chevaux, il manifesta le désir de les avoir.

Comme nous l'avons déjà dit, le comte de Sales avait des goûts militaires ; il tenait beaucoup à tout ce qui le rattachait à cette carrière qu'il aurait voulu parcourir d'une manière brillante. Aussi, les seules traces d'ambition que l'on retrouve dans ce cœur qui était né pour les grandes choses, se rapportent à l'amour de la gloire. En sollicitant auprès du duc de Wellington la médaille de Waterloo, il lui dit : « Je prie Votre Excellence de ne voir, dans cet em-
« pressement de ma part, que le désir bien naturel
« d'un militaire qui se trouverait extrêmement flatté
« d'obtenir un témoignage public de l'honneur qu'il
« a eu de suivre Votre Excellence au milieu de tous
« les dangers de cette journée. »

En priant le général Alava de remettre sa demande au duc de Wellington, le comte de Sales lui écrivit le 13 octobre 1815 : « Les médailles que j'ai
« vues aux officiers qui ont fait la guerre d'Es-
« pagne, et sur lesquelles était gravé le nom des

« batailles où ils s'étaient trouvés m'ont fait penser
« que peut-être de semblables distinctions pour-
« raient se donner pour la bataille de Waterloo.
« Dans ce cas, vous comprendrez, Monsieur le gé-
« néral, combien je serais flatté d'avoir part à cette
« récompense.

« Ma conduite dans cette journée vous est con-
« nue; je m'en rapporte à votre témoignage et aux
« soins que vous prendrez pour rappeler au duc de
« Wellington l'honneur que j'ai eu de l'accompa-
« gner dès le commencement de l'action, la rapidité
« avec laquelle je suis revenu sur le champ de ba-
« taille aussitôt que j'ai eu changé mon cheval, qui
« avait été blessé; l'avantage que j'ai eu de me
« trouver seul auprès de sa personne, de recevoir
« deux fois ses ordres pour les mouvements de ses
« troupes, et enfin d'avoir mérité qu'il ait lui-même
« fait la remarque que l'on n'aurait pu se douter
« que je faisais là mes premières armes...

« Je me serais abstenu de faire cette demande, si
« j'avais pu me flatter d'être resté présent au sou-
« venir du duc; mais, dans l'éloignement où je me
« trouve, il est naturel que je redoute d'être ou-
« blié. Je serais trop honoré d'être traité comme un
« de ses soldats pour laisser échapper l'occasion de
« lui en témoigner le désir.

« Je ne ferai pourtant pas d'autres démarches; je
« sais qu'en vous confiant la cause de mon hon-

« neur, je ne puis la remettre en meilleures mains. »

Il est tout naturel que le souvenir de Waterloo, sur lequel il se reportait avec tant de plaisir, se rattachât aux deux chevaux qui l'avaient servi dans cette journée. Il écrit de Paris le 27 janvier 1816 à son ministre à Turin :

« De retour à Paris, je retrouve dans les écuries
« du comte de Laval les deux chevaux qui avaient
« été mis à ma disposition pour le service du roi.
« Je prie Votre Excellence de m'obtenir de S. M. la
« permission de les prendre et de les garder pour
« moi. Je n'ai d'autre motif pour justifier une telle
« demande que le prix que je dois mettre à possé-
« der les deux chevaux qui m'ont servi à la bataille
« où j'ai obtenu la première distinction militaire que
« je possède. »

M. le comte de Vallèse lui répondait : « C'est
« avec plaisir que j'ai l'honneur de vous annoncer
« que S. M. acquiesce à votre demande et vous ac-
« corde les deux chevaux qui vous ont servi dans
« une circonstance aussi importante. »

Le comte de Sales était généreux : pas un besoin ne lui était connu qu'il ne voulût le secourir. Il donnait toujours, et toujours largement ; mais il mettait autant de soin à cacher ses œuvres que de plaisir à les faire. Son désintéressement allait jusqu'à l'amour d'être ignoré.

Comme ses principes, sous ce rapport, sont fort

peu en harmonie avec les désirs de célébrité qui, dans le siècle où nous sommes, font tourner tant de têtes, il est juste que nous les fassions connaître.

Son ami de Chambéry avait, à l'occasion de la rentrée du roi dans ses États, composé un petit ouvrage de circonstance qu'il se proposait de publier. M. de Sales lui écrivait de Paris le 31 janvier 1816 :

« Si vous m'en croyez, vous ne mettrez pas au
« jour le petit ouvrage dont une partie m'est con-
« nue... Il ne faut écrire et publier que quand c'est
« absolument nécessaire. Hors de là, c'est donner
« inutilement prise à la critique... Ces sortes d'é-
« crits de circonstance ne sont, pour l'ordinaire,
« qu'une occasion de distribuer des éloges à droite
« et à gauche ; mais il est très-fâcheux de s'exposer
« à faire abus d'un moyen qui doit être bien ménagé
« pour ne pas perdre de son prix. Sous ce rapport,
« j'ai moi-même beaucoup à perdre à ce que votre
« ouvrage ne paraisse pas, puisque vous m'y avez
« donné une place assez large. Cependant, je vous
« assure en toute vérité que je renonce sans regret
« à la célébrité que vous voulez me donner. Je di-
« rai plus : c'est que je serais réellement chagriné que
« vous voulussiez persévérer dans votre projet. Pour
« avoir un peu bien fait son devoir, est-ce qu'on
« mérite pour cela d'être prôné partout? Nos pères
« n'avaient pas tant besoin de gazettes et de men-

« tions honorables pour les actions dont ils se sen-
« taient satisfaits. Servons nos princes comme nous
« devons servir Dieu. Faisons bien, parce que c'est
« notre devoir de bien faire, et ne nous attendons
« pas, avant la fin de la semaine, d'être loués par
« toutes les trompettes de la renommée. Je conviens
« qu'il y a de fort jolies choses dans ce que je con-
« nais de votre ouvrage ; mais vous êtes impardon-
« nable d'y mettre autant de chaleur que vous le
« faites. Il faut en toutes choses une mesure. Que
« l'on n'en mette point, si l'on veut, dans la ma-
« nière dont on remplit ses devoirs ; mais il en faut
« beaucoup dans la manière dont on l'exprime, et
« cela sous peine de rester en deçà ou en delà de la
« vérité. »

En livrant à nos lecteurs les principes de l'homme
de bien que nous avons entrepris de faire connaître,
nous n'avons pas contracté l'obligation de les justifier en tout.

Il est bien possible que l'on pût reprocher à M. de
Sales lui-même de porter jusqu'à l'exagération le
désintéressement moral qu'il prêche à son ami, et
qu'il mettait en pratique pour lui-même. Dans un
siècle où le mal s'exhale par les mille bouches de la
publicité, il pourrait bien y avoir des inconvénients
à cacher le bien dans l'ombre du silence. Il faut bien
que la vertu consente quelquefois à se produire, si
elle ne veut pas laisser le vice triompher tout à son

aise. Quand elle use du droit de légitime défense, seulement en laissant voir sa beauté, c'est moins pour elle que pour la société qu'elle travaille.

Toujours grave dans ses démarches, religieux dans ses pensées, modeste et réservé dans ses paroles, réfléchi dans ses actions, le comte de Sales portait dans toutes choses un esprit de modération qu'il aurait voulu inspirer à tout le monde, mais surtout à ses amis. Laissons-le exprimer lui-même ce côté de son âme. C'est de Bruxelles qu'il écrit à son ami : « Tout ce que vous me dites de chez nous
« me fait beaucoup de peine. Je ne soupçonne pas les
« intentions, je crois qu'elles sont excellentes ; mais
« je déplore l'incapacité de ceux qui savent y mettre
« aussi peu d'ordre. Cela viendra cependant, parce
« qu'on s'en occupe sérieusement. Ceux qui survi-
« vront à cette pénible attente seront sans doute un
« jour satisfaits. L'affaire des colléges est la première
« dont il faudrait que l'on s'occupât ; c'est le bien le
« plus essentiel à faire. Le monde est tellement gâté
« qu'il ne faut plus songer à retenir la génération
« qui court ; il faut même être indulgent dans les lois
« qu'on lui donne, afin de ne pas l'aigrir et lui don-
« ner de nouveaux motifs de mal faire. Il faut, mon
« cher ami, que vous me passiez cette morale un
« peu relâchée, parce que tout ce que j'observe de-
« puis que je me suis rapproché des affaires me fait
« sentir la nécessité de ces ménagements. Quelque

« grand que le mal ait paru jusqu'à présent, il faut
« avouer qu'il est plus étendu et plus général qu'on
« n'aurait pu le croire, et que ce serait en vain que
« l'on chercherait à le heurter de front. La religion
« n'est plus pour rien dans les actions des hommes;
« ce n'est donc plus un moyen que l'on puisse em-
« ployer pour les retenir. Il faut même le leur mon-
« trer rarement, pour qu'ils n'en disent pas du mal.
« Il faut procéder avec plus d'adresse, oublier le
« temps passé, ne plus rappeler un état de choses qui
« ne peut revenir et gagner peu à peu du terrain,
« comme on le fait pour établir la religion dans les
« contrées où elle est inconnue.

« Si vous voulez un exemple à l'appui de ce que
« je viens de vous dire, je vous rappellerai les beaux
« discours qui ont été prononcés l'année dernière
« dans la Chambre des députés (la Chambre introu-
« vable). Vous conviendrez que, si ces hommes
« avaient de bonnes intentions, ils ont été bien gau-
« ches. En se modérant davantage, ils auraient évité
« de se rendre suspects, on ne les aurait pas ren-
« voyés, et peut-être auraient-ils eu l'avantage de
« faire, dans l'espace de quelques années et d'une
« manière solide, tout le bien qu'ils ont inutilement
« tenté de faire tout de suite.

« Cette dissertation vous paraîtra longue; mais
« elle se place naturellement dans mon sujet, et,
« dans la carrière où je suis, cette manière d'entre-

« voir les choses peut avoir une grande influence sur
« ma conduite ultérieure. Je ne suis pas fâché de
« vous la faire connaître, avant que vous puissiez en
« voir les conséquences. »

Sous une apparence de froideur et de sévérité, le comte de Sales cachait un cœur très-aimant. Le nombre de ses amis n'était pas grand; mais il les choisissait bien, et les conserva toute leur vie. Le marquis Alfiéri, le marquis de Cavour, M. de Sonnaz de Mondésir, furent de ce nombre. A la mort de ce dernier, qui arriva en 1817, il écrivit de Bruxelles à M. l'abbé Rey : « L'empressement que je mets
« à vous écrire aujourd'hui ne tient pas seulement
« à mes sentiments pour vous, mais il m'est encore
« inspiré par le besoin de consoler mon cœur en vous
« parlant de mon malheureux ami. Cette perte me
« fait sentir bien vivement le poids de ma position.
« Il m'a fallu d'avance renoncer à toutes les liaisons
« qui m'étaient chères, et pendant que ma vie s'é-
« coule loin de ma patrie, j'y fais des pertes irrépa-
« rables, et quand je pourrai y rentrer, je n'y re-
« trouverai plus ceux que j'y ai le plus aimés. Vous
« sentirez, mon cher ami, combien cette réflexion
« est cruelle, et vous compatirez à l'amertume
« qu'elle répand dans mon cœur.

« Cette perte me fait d'autant plus de mal que,
« quand nous nous sommes quittés, ce pauvre de
« Sonnaz avait le pressentiment que nous ne nous

« reverrions plus. Moi, au contraire, j'étais plein
« de l'espérance qu'il me serait conservé; j'étais même
« tout préoccupé de l'idée qu'il devait jouir de ma
« position, et que, tout en regrettant de me voir loin
« de lui, il serait satisfait de me voir employé utile-
« ment pour le service de notre pays. Maintenant
« j'ai perdu toute illusion. Cette première perte me
« rend inquiet et craintif pour tout ce qui me reste ;
« il me semble que j'ai tout à redouter. J'ai perdu
« le sentiment qui me donnait le plus de consolation
« dans mon exil. »

M. de Sales n'avait qu'une sœur, madame de Cornillon, et il avait pour elle une affection qui fut dans la suite tout entière reportée sur ses deux nièces, madame d'Annières et madame la baronne d'Ivoire ; mais rien n'égale la tendresse mêlée de respect qu'il avait pour sa mère. Ses lettres à ses amis, et même à ceux qui n'étaient pour lui que des connaissances, contenaient toujours, quand l'occasion s'en présentait, quelques indications du sentiment qui dominait dans son cœur. De Berlin, il écrivait à son ami de Chambéry : « Je vois avec
« bien du plaisir que vous allez vous rapprocher de
« saint François de Sales pour célébrer le jour de sa
« fête. Avec quelle joie je me réunirai à vous ce jour-
« là ! Quoique nous soyons à une grande distance
« l'un de l'autre, je ferai mon possible pour que tou-
« tes mes pensées soient ce jour-là entièrement con-

« formes aux vôtres, et que je puisse mériter le bien
« que vous me souhaiterez.

« Je me réjouis encore de cette circonstance, dans
« la pensée que ma mère aura le plaisir de vous
« voir, et que vous voudrez bien l'entretenir un
« peu de moi. Oh ! dites-lui bien que le seul plaisir
« que je trouve dans ma position est dans la pensée
« et la certitude qu'elle m'approuve, parce que je
« suis où le devoir m'appelle. Elle n'aurait pas voulu
« que son fils agît autrement. Dites-lui encore que
« j'espère, puisque je suis ici pour ce seul motif,
« que Dieu veillera sur elle pendant mon absence,
« et que les soins que je prendrai pour qu'elle puisse
« être toujours satisfaite de ma conduite contri-
« bueront à lui procurer des jours longs et paisibles.
« Dites-lui, enfin, mon cher ami, tout ce que votre
« âme tendrement filiale pourra vous inspirer pour
« adoucir par vos consolations les peines que doit
« ressentir son cœur de mère de se voir séparée de
« son fils pour un temps indéterminé. »

Pendant que, sous l'empire, le comte de Sales était
en Savoie occupé à cultiver ses terres, en attendant,
non pas pour lui, mais pour sa patrie, des jours
meilleurs, un homme d'une éloquence entraînante,
d'un cœur ardent, et d'une piété plus ardente encore, réunissait autour de lui les jeunes gens pour
les garantir des dangers du siècle, et faire germer
dans leurs cœurs quelques-unes des vertus qui

étaient vivaces dans le sien. Cet homme était M. l'abbé Rey, chanoine et vicaire général du diocèse de Chambéry, et plus tard évêque d'Annecy. Le comte de Sales le vit, l'entendit, l'estima et l'aima, ou plutôt, pour être plus vrai, ces deux hommes se virent, s'estimèrent, s'aimèrent, et ne cessèrent de se le dire que quand la mort vint leur imposer silence. C'est à Mgr Rey que s'adressaient toutes les lettres que nous avons citées. Nous en avons plus de cent cinquante, et toutes pourraient au besoin démontrer qu'à côté de l'esprit assez élevé pour atteindre les hauteurs de la diplomatie, il y avait un cœur assez tendre pour l'ouvrir aux douceurs de l'amitié.

Dire que le comte de Sales était, sous le rapport religieux, digne du nom qu'il portait, ne serait pas assez. Il ne se contentait pas de remplir tous les devoirs que la religion impose à ceux qui lui appartiennent, de donner à tous ceux qui l'entouraient l'exemple de la fidélité aux lois de l'Église ; il se croyait encore obligé de donner un large appui aux principes religieux, toutes les fois qu'il en trouvait l'occasion, dans la haute sphère où il était placé.

Avant la révolution française, le culte catholique était proscrit de la ville de Genève avec presque autant de rigueur qu'au temps de Calvin ; il était défendu, sous peine de mort, d'y dire la messe.

Quand les Français s'emparèrent de cette petite république, la liberté religieuse profita de l'occasion pour se glisser entre eux et faire son entrée dans la Rome protestante. Les catholiques obtinrent une petite église dans laquelle ils purent, pendant que dura l'empire, remplir leurs devoirs religieux. L'empire étant tombé, la république de Genève allait, comme les autres peuples, recouvrer son existence politique et sa nationalité. Il était grandement à craindre qu'en reprenant le pouvoir les magnifiques seigneurs de Genève, qui voyaient dans un protestantisme exclusif le signe caractéristique de Genève, ne voulussent reprendre les allures anciennes, en chasser les catholiques, et fermer la petite église que Bonaparte leur avait fait ouvrir. M. Vuarin, alors curé de Genève, prévit ce danger, et fit des démarches pour le prévenir. Accouru pour cet objet au-devant des princes alliés, il en avait obtenu de bonnes paroles; mais il était réservé au comte de Sales d'obtenir quelque chose de plus.

Arrivé à Vienne à la fin de 1814 et au commencement de 1815 pour réclamer l'intégrité de la Savoie, il profita de son séjour auprès des princes alliés pour prendre des mesures afin de sauvegarder pour l'avenir les droits qu'avaient acquis les catholiques de Genève. Soutenu par M. le comte de Saint-Marsan, ministre de S. M. Sarde auprès du congrès de Vienne, il obtint encore l'appui de l'empereur

Alexandre et de son ministre, le comte Pozzo di Borgo. Dès lors il parvint à faire insérer dans les actes du congrès de Vienne la condition expresse de la conservation du culte catholique dans la ville de Genève. Le traité du 29 mars 1815 porte, au sixième paragraphe de l'article 3, que « l'église catholique
« existant à Genève y sera maintenue telle qu'elle
« existe, à la charge de l'État, ainsi que les lois
« éventuelles et la constitution de Genève l'avaient
« déjà décrété. Le curé sera logé et doté convena-
« blement.

« Les communes catholiques et la paroisse de Ge-
« nève continueront à faire partie du diocèse qui ré-
« gira les provinces du Chablais et du Faucigny,
« sauf qu'il en soit réglé autrement par l'autorité du
« saint-siége.

« Dans tous les cas, l'évêque ne sera jamais trou-
« blé dans ses visites pastorales, etc. »

Par le concordat de 1801, le diocèse de Saint-François de Sales avait cessé d'exister ; son territoire avait dès lors fait partie du diocèse de Chambéry. On devine d'avance combien le comte de Sales devait désirer de voir renaître le diocèse auquel son nom s'était pour ainsi dire inféodé par le grand saint qui en avait fait la gloire, et par trois évêques du même nom qui l'avaient administré avec sagesse.

Pour lui, la restauration ne devait pas s'arrêter aux institutions politiques, mais se compléter et se perfectionner par la restauration des institutions religieuses. Du moment où il vit le drapeau bleu rentrer sur les terres de la Savoie, il conçut l'espoir de voir un évêque revenir sur le siége épiscopal d'Annecy. Il a pendant douze ans travaillé à cette œuvre avec une constance admirable. Ses démarches étaient incessantes et se sont renouvelées auprès de tous les ministères qui se sont succédé.

Dans l'une de ses démarches, il s'était adjoint un compatriote plein de zèle pour tout ce qui devait être utile à la Savoie. Au 18 mars 1822, il écrit de Turin à son ami : « Lundi prochain, M. Falquet
« et moi, nous irons en députation auprès du roi
« pour lui exprimer, au nom du conseil de ville
« d'Annecy, le vif désir que l'on éprouve de voir
« rétablir incessamment l'ancien diocèse de Saint-
« François de Sales. »

Sans se laisser déconcerter par les obstacles qu'il rencontrait, il poursuivait ses sollicitations de Bruxelles, de Berlin, et même de Saint-Pétersbourg. Au 9 juin 1820, il écrit de Berlin à son ami :
« L'objet auquel nous travaillons est de la nature
« de ce bien qui est difficile à obtenir; mais parce
« qu'il est difficile et qu'il est retardé, ne perdons
« pas l'espoir de le voir s'accomplir. Ce retard n'a
« rien de fâcheux. Cette affaire ne s'accomplira pas
« moins dans quelque temps; vous auriez pu en
« avoir la certitude, si celui qui est allé à Turin

« pour s'y opposer avait tout voulu vous dire à son
« retour. »

Au 12 janvier 1820, il écrivait : « Je n'oublie
« point nos affaires religieuses, j'en ai encore écrit
« dernièrement à M. D. B. ; je ne conçois rien à sa
« conduite, sinon que les hommes valent toujours
« quelque chose de moins que ce que l'on en dit.
« Il n'était pas nécessaire de promettre tout ce que
« l'on a promis, et moins encore de faire naître l'oc-
« casion de promettre... Je n'aurais fait personnel-
« lement aucune demande, si je n'avais pas vu le
« ministère décidé à soutenir ce projet... Dieu sait à
« présent quand cela se décidera!... On perdrait
« bien vite courage, si l'on ne savait pas que chaque
« action d'ici-bas est autrement jugée par Celui à qui
« rien n'échappe, et qui saura s'en rappeler au mo-
« ment convenable. »

Au 2 décembre de la même année, il écrivait :
« Si ma foi ne savait résister aux épreuves, je croi-
« rais que le ciel ne veut pas le rétablissement du
« diocèse d'Annecy. Après tant de promesses et des
« engagements si positifs, il est inconcevable que
« les choses en soient restées où elles en sont. Es-
« pérons cependant toujours. »

Au 29 décembre 1821, il disait : «Je ne crois plus
« aux belles promesses; car plusieurs se sont mêlés
« de m'en faire, et je ne vois rien aboutir. Je ne
« doute pas de leur bonne volonté; mais je ne puis

« m'empêcher de remarquer que les hommes n'ont
« souvent qu'une volonté impuissante pour le bien,
« et qu'ils sont souvent obligés de laisser accomplir
« par d'autres celui qu'ils ont médité. »

Au 21 septembre 1822, il dit : « Quand se ter-
« minera l'incertitude où l'on nous laisse? Ce n'est
« pas moi qui puis vous le dire. J'ai fait tout mon
« possible sans réussir ; c'est une nouvelle preuve
« que les hommes sont impuissants à faire ce que
« Dieu n'a pas arrêté. »

Enfin, en 1824, il était au comble de ses vœux, en annonçant à son ami que l'évêché de Saint-François de Sales allait renaître. C'est en 1826 seulement que Mgr de Thiollaz en prit possession.

En 1832, il avait pour quelque temps quitté Paris pour venir se reposer à Thorens ; il s'y trouvait quand son ami, Mgr Rey, fut transféré de l'évêché de Pignerol à celui d'Annecy. Son premier vœu avait été pour le rétablissement de l'évêché ; mais le second était, sans contredit, d'y voir l'évêque dont il connaissait à fond le zèle et la piété. Ces deux cœurs s'étaient mutuellement pénétrés, ils s'étaient trouvés dignes l'un de l'autre et s'étaient tendrement et fortement aimés.

A l'entrée du nouvel évêque dans sa ville épiscopale, le comte de Sales fut chargé de le complimenter au nom du conseil de ville ; voici quelques-unes de ses paroles :

« Monseigneur,

« Le conseil de la ville d'Annecy, dont j'ai l'hon-
« neur de faire partie, désire que j'exprime à Votre
« Grandeur toute la satisfaction qu'il a éprouvée
« quand il a été informé que le roi, notre auguste
« souverain, avait fait choix d'un prélat aussi dis-
« tingué par ses lumières que par son éminente
« piété, pour venir consoler ce diocèse de la perte
« immense qu'il avait faite.

« L'annonce de votre arrivée dans cette ville épis-
« copale a répandu la joie la plus vive dans le cœur
« de ses religieux habitants. Tous ont été pénétrés
« de la douce confiance que Votre Grandeur pour-
« voira à tous leurs besoins spirituels avec cette
« onction persuasive, ce zèle infatigable, qui ont
« sur tant d'autres villes attiré tant de grâces et ob-
« tenu tant de succès.

« Les témoignages d'affection que vous leur avez
« donnés et qui sont gravés dans chaque ligne
« de la lettre pastorale que vous avez adressée aux
« fidèles du diocèse les ont profondément touchés ;
« ils leur ont donné la certitude que, sous l'adminis-
« tration paternelle de Votre Grandeur, le bien, qui
« de sa nature rencontre tant d'obstacles, aura dé-
« sormais l'avantage de réunir toutes les volontés,
« et sera par conséquent d'une plus facile exécu-
« tion.

« Ce consolant espoir, Monseigneur, le conseil
« de ville le partage, et je suis heureux de pouvoir,
« en son nom, en donner l'assurance à Votre Gran-
« deur. »

La foi religieuse qui était profondément enracinée dans le cœur du comte de Sales n'y restait pas stérile ; elle y produisait le courage du soldat, la fidélité du sujet, le dévouement du citoyen, l'intégrité de l'administrateur, la prudente réserve du dépositaire de la parole du prince, et avec tout cela la piété visible du vrai chrétien. Incapable de faire un acte religieux par ostentation, il était plus incapable encore de déshonorer sa piété en la cachant sous le voile du respect humain. Cette piété était connue et reconnue de tout le monde. Qu'il nous soit permis de quitter un instant la gravité de notre sujet pour raconter une anecdote qui fera connaître l'opinion que l'on avait dans le monde de la piété du diplomate savoisien. A Saint-Pétersbourg, quelqu'un demandait à M. le comte de la Feronnais si M. de Sales était aussi pieux que saint François : « Saint François de Sales...., répondit le
« comte, c'était un égrillard auprès de son petit-
« neveu ! »

Nous continuons, comme nous l'avons fait jusqu'ici, à faire connaître le comte de Sales par lui-même. Il est une heure où l'homme exprime ses véritables sentiments, c'est l'heure suprême. Ouvrons donc le testament du comte de Sales, afin de faire connaître sa foi. Il est daté du 30 mars 1844, par conséquent six ans avant sa mort.

« Me trouvant dans la soixante-sixième année de
« mon âge, étant assujetti depuis longtemps à des
« infirmités qui doivent rendre plus prochaine
« l'heure où il plaira à Dieu de me demander compte
« de la vie qu'il m'a donnée et des bienfaits dont
« il m'a comblé, je sens le devoir de réfléchir sur
« ma situation et de fixer dès à présent, où je me
« trouve encore sain d'esprit, mes dispositions der-
« nières, afin de n'avoir pas à m'occuper d'objets
« terrestres, lorsqu'il faudra que mon âme se re-
« cueille pour se pénétrer uniquement de la redou-
« table pensée d'aller paraître devant la justice de
« Dieu.

« C'est pourquoi, après m'être muni du saint signe
« de la croix, et m'être recommandé à Dieu le père
« tout-puissant, à son fils unique Notre-Seigneur Jé-
« sus-Christ, au Saint-Esprit, à la bienheureuse vierge
« Marie, aux apôtres saint Pierre et saint Paul et à
« saint François de Sales, mes illustres et vénérés
« patrons, je vais tracer ici mes dernières volon-
« tés, après avoir toutefois déclaré vouloir vivre
« et mourir dans l'union de la sainte Église ca-
« tholique, apostolique et romaine, et vouloir con-
« former ma foi à tout ce qu'elle enseigne et or-
« donne. »

Vers le milieu du mois d'août 1850, le comte de Sales éprouva une attaque d'apoplexie, qui, sans altérer en rien ses facultés intellectuelles, paralysa une partie de ses membres et lui fit présager sa fin prochaine. Il demanda le prêtre, et se disposa à recevoir tous les sacrements que l'Église accorde à ceux qui vont paraître devant Dieu.

Comme s'il avait voulu que le grand saint qui avait illustré sa famille fût comme le garant de son orthodoxie et le témoin des derniers actes de sa foi, il fit apporter et déposer sur une table, auprès de son lit, une relique de saint François de Sales, qui lui avait été réservée lors de la première translation. C'est en présence de ce type de la sainteté qu'il reçut le saint viatique et l'extrême-onction.

Trois jours après, une seconde attaque vint diminuer ses forces et lui enlever la disponibilité de tous ses mouvements. Quand les organes qui lui avaient été donnés tombèrent en ruines et refusèrent de le servir, le comte de Sales s'en alla. L'ouvrier qui avait travaillé dès la première heure alla recevoir le salaire. Le serviteur fidèle qui avait fait valoir les cinq talents qui lui avaient été confiés, laissa les misères de ce monde pour entrer dans les joies du ciel. Ainsi finit la branche aînée de la famille de Sales.

Deux ans après, la marquise de Roussi, demoiselle de Sales, terminait la branche cadette, après l'avoir honorée par des vertus qui se perpétueront dans ses enfants.

XIII.

UNE RÉFLEXION.

A la vue de cet homme modèle, de ce si beau caractère, on se sent forcé de porter ses regards autour de soi, et de se demander si ce type de la nationalité peut s'y retrouver encore. A l'époque où il commença à se montrer à ses concitoyens, les hommes de sa trempe étaient déjà rares; cependant il y en avait encore dans toutes les classes, et surtout dans les campagnes. Il y a moins d'un siècle, on peut dire que ces hommes formaient la masse de la population. Il eût été difficile de trouver en Savoie un paysan qui, au premier appel, ne se fût pas montré prêt à prendre un fusil pour voler à la défense de son roi et de sa patrie, deux idées qui n'en faisaient qu'une dans son esprit comme dans celui du comte de Sales. Les princes de la maison de Savoie connaissaient ce dévouement. Après des pertes qui semblaient irréparables, le roi Victor-Amédée disait : « Je frapperai du pied le sol de mon pays, et il en « sortira des soldats fidèles et dévoués. » Il disait vrai : à son appel, douze mille soldats coururent se ranger sous ses drapeaux.

Aujourd'hui le caractère savoisien est presque entièrement effacé ; les mœurs antiques ont disparu ; l'amour traditionnel pour la monarchie, la fidélité au prince, l'attachement au drapeau national, tout cela s'est retiré des cœurs pour laisser la place à l'égoïsme personnel. Chacun semble se dire : Gouverne qui voudra, pourvu que je puisse m'enrichir et garder mon bien !

Cette indifférence politique a fait, depuis cinq ou six ans, des progrès d'une désolante rapidité.

Veut-on apprécier au juste la différence ? En voici le moyen. Au commencement de 1848, les socialistes méditèrent et préparèrent une invasion en Savoie, pour y établir une république et y faire l'expérimentation de leurs doctrines. Partis de Lyon au nombre de deux mille, ils traversent la frontière et s'approchent de la capitale du duché de Savoie. Tous ceux à qui était confié le soin de la nationalité se croisent les bras et laissent faire. Le gouvernement se retire, les chefs de la garde nationale déclarent que ce n'est pas à eux à défendre l'ordre de choses ; le conseil municipal délibère et arrive aux mêmes conclusions. De sorte que tout le corps de l'aristocratie sociale, indifférent sur ce qui va se passer, se livre sans défense à une troupe d'aventuriers. Les *voraces* entrent dans la ville, reçoivent les armes des mains de ceux à qui elles avaient été confiées, et se disposent à donner des lois.

Le peuple, honteux d'avoir été livré par ceux qui devaient le défendre, sonne le tocsin, court aux armes, et chasse ou arrête les envahisseurs.

Nous supposons que les mêmes tentatives viennent à se reproduire aujourd'hui ; nous demandons si le peuple se montrera aussi ardent qu'il le fut alors pour la cause de la nationalité. Nous avons adressé cette question à un grand nombre de personnes, et toutes ont répondu sans hésiter : Non. Le peuple, qui est toujours le dernier à se laisser démoraliser, a cédé au torrent. Il est tombé dans l'indifférentisme politique, et il est à présumer que, si de nouveaux barbares se présentaient à la frontière, ils seraient admis, pourvu qu'ils promissent d'épargner les biens et la vie. A la place du dévouement que nous avons pu admirer dans le peuple aussi bien que dans les classes supérieures, il n'y a plus qu'un découragement universel.

CARRIÈRE MILITAIRE

DU COMTE PAUL-FRANÇOIS DE SALES.

1778. 17 novembre. Naissance du jeune de Sales.
1787. Dans l'école des pages du roi Victor-Amédée III.
1791. Premier page de la princesse de Piémont.
1793. Premier page et secrétaire intime du roi.
1798. Se réfugie en Suisse et ensuite à Thorens.
1814. 4 juin. Capitaine de cavalerie.
1814. 19 juillet. Placé à l'état-major général.
1815. 18 juin. Assiste à la bataille de Waterloo.
1815. 28 décembre. Major de cavalerie.
1815. 30 décembre. Sous-adjudant général.
1819. 30 juin. Lieutenant-colonel de cavalerie.
Id. Id. Adjudant général d'armée.
1821. Colonel de cavalerie.
1829. Major général d'armée.
1836. 7 mars. Lieutenant général d'armée.
1850. 26 août. Mort à Thorens.

CARRIÈRE DIPLOMATIQUE

DU COMTE PAUL-FRANÇOIS DE SALES.

1814.	Nov., déc.	Envoyé par un comité libre à Paris, à Londres et à Vienne, pour réclamer l'intégrité de la Savoie.
1815.	Janv., fév.	Retenu à Vienne pour le même objet.
1815.	23 décembre.	Secrétaire d'ambassade à Paris.
1816.	26 juillet.	Ministre plénipotentiaire dans les Pays-Bas.
1820.	24 mars.	Ministre plénipotentiaire à Berlin.
1821.	26 avril.	Confirmé dans cette qualité par Charles-Félix.
1825.	18 février.	Rappelé de Berlin.
1825.	22 juin.	Envoyé extraordinaire et ministre plénipotentiaire à Saint-Pétersbourg.
1826.	15 février.	Confirmé auprès de S. M. l'empereur Nicolas.
Id.	Id.	Chargé de complimenter l'empereur sur son avénement au trône.
1829.	18 janvier.	Rappelé de Saint-Pétersbourg.
1829.	31 mai.	Ambassadeur à Paris.
1830.	15 octobre.	Confirmé auprès de S. M. Louis-Philippe.
1831.	28 août.	Confirmé par Charles-Albert.
1836.	15 mai.	Rappelé pour rentrer dans ses foyers.
1840.		Commissaire royal à Sallanches.

CARRIÈRE HONORIFIQUE

DU COMTE PAUL-FRANÇOIS DE SALES.

1815. 28 décembre. Décoré de la croix militaire de Savoie.
1816. 25 novembre. Décoré de la médaille de Waterloo.
1816. 11 septembre. Reçoit le titre de comte.
1827. 26 juillet. Décoré de la croix de Saint-Louis de France.
1827. 27 mars. Décoré de la grand'croix des SS. Maurice et Lazare.
1829. 25 novembre. Créé gentilhomme de la chambre du roi.
1836. Décoré du grand cordon de Saint-Maurice.
1836. Avril. Créé ministre d'État.
1842. 7 mars. Chevalier de l'ordre suprême de l'Annonciade.
1844. Reçoit la médaille mauricienne.
1845. Créé grand de cour.
1848. Refuse la présidence d'une section du conseil d'État.
1848. Refuse la place de sénateur du royaume.
1850. 26 août. Meurt à Thorens, pauvre de fortune, riche de vertu.

FIN.

TABLE DES MATIÈRES.

	Pages.
Préface	1
I. Sa naissance	27
II. Ce que fait le comte de Sales pour la restauration de la Savoie	41
III. Le comte de Sales près des armées alliées	55
IV. Le comte de Sales dans la diplomatie	70
V. Le comte de Sales dans les Pays-Bas	74
VI. Le comte de Sales à Berlin	79
VII. Le comte de Sales à Saint-Pétersbourg	100
VIII. Le comte de Sales à Paris	109
IX. Le comte de Sales quitte la diplomatie	168
X. M. de Sales à Thorens	178
XI. M. de Sales à Sallanches	183
XII. Le comte de Sales rappelé aux affaires	195
XIII. Une réflexion	231

FIN DE LA TABLE DES MATIÈRES.

www.ingramcontent.com/pod-product-compliance
Lightning Source LLC
Chambersburg PA
CBHW071910160426
43198CB00011B/1242